SANSIBAR

DAS GROSSE SANSIBAR BUCH

Collection Rolf Heyne

SANSIBAR

HERBERT SECKLER
INGA GRIESE
FOTOGRAFIERT VON MARC REHBECK

DAS GROSSE SANSIBAR BUCH

COLLECTION ROLF HEYNE

INHALTSVERZEICHNIS

Da war also das Meer. Grau, lustlos schwappte es unter Nebeltüchern vor sich hin, ein kühler Wind zog über die Düne, auf die Herbert gehastet war. Direkt vom Autozug in Westerland war er mit dem alten Ford Capri gen Süden gefahren, links lagen die Wiesen, die bis Rantum reichen, der erste Abzweig rechts war seiner. »Zur Oase« stand auf einem Schild. Ein ambitionierter Name. Aber da musste doch endlich das Meer liegen!

Oh, wie lange hatte er auf diesen Moment gewartet, bereits frustriert auf dem ruckelnden roten Autozug, der Sylt mit dem Festland verbindet, aus dem Fenster gestarrt. Da war nämlich kein Meer gewesen, nur Modder. Dass sich das Wattwasser alle sechs Stunden zurückzieht in die Ebbe, das hatte ihm ja keiner erklärt. Und dass es im Mai derart ungemütlich sein könnte auf der berühmten Insel im Norden, war irgendwie auch nie Thema gewesen bei den Schwärmereien, die ihn so neugierig gemacht hatten, dass er einen Job annahm im Restaurant »Moby Dick« in Braderup. Ganz schön aufdringlich machten die Eisheiligen in diesem nordischen Frühsommer ihren Namen bibbernde Ehre.

Die »Oase zur Sonne« war damals noch eine Bude, den Trampelpfad rauf zur Düne, runter zum Strand gab es schon. Und dort also lief er hin, durch die Heide, den Sand hinauf, hin zum ersehnten Meer. Jaa! Und dann stand der Schwabe Herbert Seckler, 22 Jahre jung, auf dem Dünenkamm, der damals weit höher war als heute, und guckte. Schon ein bisschen enttäuscht, weil das Meer nicht wogte und glitzerte wie erwartet. Aber allein der Blick! Trotz neblig-trüb. Links den endlosen Inselstrand runter, rechts den endlosen Inselstrand hoch. So viel Weite! Die Jodluft drang in seine Lungen und seine Seele. Eine ganze Zeit lang stand er so – und kam an. Für immer.

»Das erste Mal die Nordsee sehen, das war wirklich überwältigend.« Als die »Oase« später umgebaut wurde zu heutiger Größe, prognostizierte der Bürgermeister von Rantum, das werde eine gefährliche Konkurrenz für das »Sansibar«! Na ja. Das hat schon so mancher gemeint. Der König der Dünen lächelt dann nur. Dass er jedoch derart erfolgreich sein würde, davon träumte Herbert damals noch nicht einmal. Schließlich wollte er eigentlich nur mal einen Job am Meer.

Wer konnte schon ahnen, dass ein ganzes Leben daraus würde. Also hatte er das Angebot angenommen, im Sommer im Norden zu kellnern. Im Winter hatte er im »Hotel Savoy« in Davos gearbeitet, der Chef dort war auch Geschäftsführer vom »Moby Dick« auf Sylt. Früher war das

Gastronomiegeschäft in den Ferienorten weit klarer in Wintersaison und Sommersaison getrennt. Heute ist mit Ausnahme weniger Wochen im Jahr immer Saison auf Sylt.

Auf dem Weg gen Norden hatte Herbert noch einen Stopp in Oberammergau eingelegt, ein Freund war Küchenchef in einem Restaurant dort und brauchte Hilfe für sechs Wochen. Herbert war sich nie zu schade. In Davos war er Barkeeper, im »Moby Dick« sollte er kellnern. Klar.

Mai 1974: Die große Ölkrise vom Jahr zuvor trübte die Sylter Ferienlaune kaum. Gesprächsthema war das schlimme Feuer im »Klenderhof«. Im August 1973 hatten Brandstifter das berühmte Gästehaus des Axel-Springer-Verlags angezündet, wohl in der irrigen Annahme, dass es sich um das Privathaus des Verlegers handele. Ein offensichtlich politisch motivierter Anschlag – auch die Sylter Idylle blieb nicht ganz verschont von den gesellschaftspolitischen Auseinandersetzungen des Festlandes. Die skrupellosen Brandstifter wurden trotz Einschaltung des Bundeskriminalamtes, trotz ausgeschriebener Belohnung von 20 000 Mark nie gefasst. Doch Axel Springer ließ das Anwesen selbstverständlich wieder in seiner alten Form aufbauen. (Inzwischen gehört das teuerste Haus im teuersten Ort Deutschlands einem Schweizer Unternehmer.)

Auch eine ganz andere Bedrohung hatte die Insel gerade noch abwenden können. Von den Fünfziger- bis in die Siebzigerjahre, dem »Betonzeitalter«, war im Namen des Fortschritts so manche Bausünde genehmigt worden, Westerland mit seinen Hochhäusern, als »Fördertürme des Tourismus« gelobt, ist in mancher Hinsicht ein trauriges Beispiel. Den größten Irrsinn plante 1971 ein Bauunternehmer aus Stuttgart. Hans Bense wollte am Westerländer Strand eine 28 Stockwerke hohe Bettenburg bauen. Die Stadt stimmte sogar zu, doch die Landesregierung stoppte das Vorhaben nach massiven Bürgerprotesten. »Atlantis« ging unter, bevor es entstehen konnte. In jenem Frühsommer, als Herbert Seckler auf die Insel kam, hatten sich die Wogen der Empörung gerade geglättet. Auch das Angebot eines Unternehmers, der in Kampen ein Schwimmbad für die Gemeinde bauen wollte, sofern sie ihm 40 Eigentumswohnungen genehmigte, war vom Tisch.

Auf der Insel wurde darüber diskutiert, die Saison unbedingt zu verlängern. »Mehr Saison, weil mehr Kurtaxe wohl kaum geht« war die Devise. In List wurde das Burgenbauen am Strand verboten. Was keiner so recht verstand, die sandigen Festungen um die Strandkörbe herum waren schließlich Windschutz, Liegestuhlersatz und Prestigeobjekte. »Meine Burg is my castle« – in den

Siebzigern lebte man noch am Strand, grillte abends, baute gar Bars aus angespültem Strandgut, trank ordentlich. Die Häuserkultur fing erst später an. Man wohnte in Pensionen mit fließend Wasser, in Kampen waren viele Straßen noch gar nicht asphaltiert, es gab noch Schlachter, Gemüsemann und Bäcker statt Juweliere und Boutiquen.

An »Buhne 16« saßen all die Schönen und Prominenten, gern in FKK (ein Klassiker: obenherum Norwegerpulli wegen der Kälte, untenherum trotzdem *en nature*), auch das ein Teil der großen unbeschwerten Freiheitsbewegung, die das Nachkriegswunder ermöglicht hatte. Es lagen allerdings schon Schatten über dem Glück, die Baader-Meinhof-Bande terrorisierte das Land, Ulrike Meinhof war inzwischen als Terroristin in den Untergrund gegangen. Unerklärbar für jene, die mit ihr an »Buhne 16« gefeiert hatten in den früheren Jahren, sie wohnte immer bei Brodersen in Kampen, und auch die Freunde Fritz Teufel und Rainer Langhans kamen gern auf die Insel. Conny Hansen, Bürgermeistersohn und selbst langjähriger Vize-Bürgermeister von Kampen, erinnert sich an heitere Fußballspiele mit der Truppe. Die sich damals aber auch schon gern bei den endlosen Debattierrunden im »Republikanischen Club« im Wenningstedter »Witthüs« traf. Die Angst, dass der Terror auf die Insel käme, war daher durchaus gegenwärtig in den Siebzigerjahren.

»Der Spiegel« schrieb über einen neuen Trend, den »Zeitvertreib der besseren Gesellschaft«, Backgammon: »Der österreichische Baron Felix Pereira, selber versierter Gambler, importiert aus Italien Skailederkoffer, die er für 250 Mark in fashionablen Herrenboutiquen wie ›Harry's‹ (München) oder ›Selbach‹ (Hamburg, Berlin) unter die Leute bringt. Für die warme Jahreszeit liefert er Boards mit Jeansüberzug (Preis: 350 Mark). Pereira: ›Die müssen in Kampen irre gehen.‹«

Das war in den Jahrzehnten nach dem Krieg zum berühmtesten Dorf der Republik geworden. Maler, Bildhauer, Verleger, Industrielle, Chefredakteure, Schauspieler, Banker, Sänger, Politiker, Playboys, Regisseure, Intendanten, Schriftsteller – in Kampen sah man sie alle, naturverbunden und lebenslustig. Und sie zogen die »ganz Normalen« nach. Auf Sylt durften Glück und Übermut gelebt werden. Die »Les Humphries Singers« schmetterten »Mexikoooo« am Strand, man durfte

Rechte Seite: Helga Seckler – die Innerliche. Durch dünn und dick, durch arm und reich mit Herbert. Seit mehr als dreißig Jahren. Sie, die besonders hübsche Schauspielschülerin, wollte nur mal jobben auf der Insel und fand ihr Leben, wie so viele. Sie verliebte sich erst in die Luft und vor allem das Meer und dann in Herbert. Brachte vier Kinder auf die Welt, umgluckte sie und hielt immer durch. Kam zurecht ohne Komfort und genießt ihn heute. Tankte und tankt Kraft in der Natur, ist Reiterin geworden. Sie ist lieber fünfmal bescheiden als einmal auffällig. Deshalb würde wohl auch keiner, der sie im »Sansibar« erlebt, ahnen, dass sie eine ausgemachte Expertin für das Werk des Psychoanalytikers C.G. Jung ist. Unter Kennern ist ihr Name ein Begriff, seitdem der führende Jung-Experte Klaus Uwe Adam ihr vor ein paar Jahren im Vorwort zu seinem Werk »Psychologie heute« ausdrücklich dankte, da er ihren profunden Kenntnissen so manche wesentliche Textstelle verdanke. Angefangen hat es in einer Buchhandlung in Westerland. Da weckte ein unscheinbares Buch mit den Gedanken von Jung ihr Interesse. Dann hat sie alles gelesen. Und jedes Wort behalten. »Das ist ihr Gral«, sagt Herbert mit großem Respekt. Und was sagt Helga, die Gedankenvolle, so leise wie immer? »Mit Jung kommst du dem Menschen näher, in seiner Tiefe und seiner Höhe.« Dasselbe ließe sich auch von Helga und dem »Sansibar« sagen.

noch durch die Dünen laufen und sich in den Kuhlen sonnen, es gab noch kein Aids, dafür freche Partys mit Hummerrennen und kreischenden Schönheiten, man lebte ungezwungen, ging barfuß vom Strand ins »Gogärtchen« zum Kaffee; und Togal-Schmidt parkte seinen Rolls Royce schräg im Garten vom »Village«, Mick und Muck Flick fuhren Wasserski am Ellenbogen, Hubertus Wald feierte tolle Feste, und überhaupt gaben die Hamburger um Bübchen Pünjer, der das »Pony« mitgegründet hatte, den Ton an. Coole, sportliche Typen wie Rolf Scharfe, Albert Büll, Jean Braun und Horst Otto.

Im Fernsehen lief ein Film über »Die Schönen und die Reichen«, und er prägte das Klischee auf Ewigkeit. In der »Tenne« des Hamburger Gastronomen Peter Belkofer, dort, wo heute in Kampen der »Dorfkrug« steht, unweit vom »Hinchley Wood«, wo Liselotte Pulver gern wohnte, wurde im großen Stil gefeiert. Wenn im Juli das Piratenfest im Jet-Set-Kalender stand, dann konnten zur »blauen Stunde« die dollsten Autos bestaunt werden, standen hunderte Schaulustige an den Straßen, um zu sehen, wer wie mit wem vorfuhr. Und komischerweise war immer das Wetter gut. Die Frauen waren verlässlich sexy, also nur mit dem Nötigsten bekleidet, die Flower-Power-Gute-Laune steckte alle an, denn selbst die, die gar nicht geladen waren, kamen als Zaungäste auf ihre Kosten. Es wurde marathongleich getanzt, völlig verrückt und ausgelassen, Männer wie Frauen, es galt noch das Gesetz der Narrenfreiheit.

Gebi Götsch, der smarte Skilehrer, und seine schöne Frau Renate, die strengste Türhüterin der Insel, machten das »Pony« zum anderen Treffpunkt der Nacht, wobei Nachbar Berthold Beitz, Generalbevollmächtigter von Krupp, kolossal einflussreich in Wirtschaftskreisen, gern mal dafür sorgte, dass zur Sperrstunde um eins wirklich Schluss war. Schließlich gab es damals noch das Kurgebiet, einschließlich Straßenschranken, die am Abend herabgelassen wurden. Beitz, der wie Werner Höfer bevorzugt in den »Ziegenstall« ging, hatte auch als Erster einen »Personal Trainer« dabei, einen Sportlehrer, wie man noch sagte, der viel mit Medizinbällen hantierte und eigens aus Essen anreiste.

Oder man tobte eben im »Village«. Rolf Seiche, erst Barmann in der »Tenne«, seit 1982 »Gogärtchen«-Wirt, »Oberkellner der Gesellschaft«, wie er sich bisweilen selbstironisch nennt, hatte mit Freunden die Diskothek gegründet, »erst Dinner, dann Disko« war das Konzept. Rolf kontrollierte höchstpersönlich die Tür. Keine Eintrittsgebühr, aber ein Drink Minimum war Pflicht.

Das Günstigste war ein Weinbrand. Als Teenager hielten wir uns den ganzen Abend an einem Glas fest. Und so manche überschwängliche Sause endete johlend zur Abkühlung im hauseigenen Pool. Eines lustigen Abends, dem durch die Sperrstunde ein besonders jähes Ende drohte, schrieb Bürgermeister Hansen auf einen Bierdeckel: »Kraft meines Amtes verlängere ich die Polizeistunde.« So ein Dokument galt damals noch. Heute sind vom »Village« nur die schönen Geschichten übrig und der Name, den an gleicher Stelle in Kampen ein Apartmenthaus trägt.

Peter Schnittgard, der Kurdirektor von Sylt-Ost, warb mit dem Slogan: »In Kampen können Sie feiern, in Sylt-Ost ruhig schlafen!« Man erzählte Geschichten aus den fantastischen Sechzigern, als Gunter Sachs, Prinz Raymondo Orsini, Prinz zu Schaumburg-Lippe, Fürstin zu Hohenlohe, Soraya, die jungen Bismarcks, Fürst von Thurn und Taxis, die jungen Burdas, die jungen Flicks und »die Schweizer« um Cha-Cha Theler mächtig gefeiert hatten. Man speiste bei »Fisch-Fiete« in Keitum, ging manchmal in Westerland ins »Trocadero«, wo Dietrich Erdmann Geschäftsführer war, der Neffe und Erbe von Netty Nann. Die »Königin von Kampen« hinterließ ihm das »Hotel Rungholt«. »Zehn Mark Trinkgeld, das ist eine Riesensache«, erinnert Erdmann den Geldwert Anfang der Siebzigerjahre.

Wer auf sich und seinen Intellekt hielt, saß unbedingt bei »Karlchen« Rosenzweig in Kampen an der »Kachelbar«. Valeska Gert gab ihre letzten Darbietungen im »Ziegenstall«, in der »Kupferkanne« wurde schon damals Pflaumenkuchen *en gros* verdrückt und im »KC« durfte man bereits schwul sein, ohne Anfeindungen zu fürchten. Nach Rantum fuhr man nicht. Höchstens durch, falls man nach Hörnum zum Schiff nach Föhr wollte. Oder wenn man am Odde-Sand im Winter endlos lange laufen wollte.

Gunter Sachs, der noch verheiratet, aber bereits getrennt von Brigitte Bardot, dem Ruf der Schweizer Freunde auf die Insel gefolgt war, notierte in seinen Erinnerungen »Mein Leben«: »Sylt war vom ersten Moment an spannend … Das ›Pony‹ war keine Bar, sondern eine Dampfküche für Weltanschauungen und Landebahn für Erosbummler. Mit einer Windsbraut eng an mich geschmiegt, brauste ich dann manchem Sonnenaufgang entgegen, glücklich zu leben – und hätte gegen's Sterben auch nicht viel gehabt. Schöner als im Glück zu sterben, ist nur im Glück zu leben … Poeten sahen Venedig und wollten sterben. Ich sah jenes Eiland im Norden – und wollte ewig leben.«

So also war es, als Herbert zum ersten Mal nach Sylt kam. Auch wenn er all das noch gar nicht wusste. Das »Moby Dick« lag zwischen Braderup und Munkmarsch, direkt an der Müllkippe. Und häufig roch es eben auch genauso bei falschem Wind. Oder bei gar keinem. Doch der Blick über das Watt war einfach fantastisch. Am Pfingstsonnabend 1969 war das Haus als erstes in einer langen Serie einer Brandstiftung zum Opfer gefallen und bis auf die Grundmauern abgebrannt. Als Herbert ankam, war es in neuer Schönheit auferstanden, groß und weiß und reetgedeckt. Die Karte bot Sylter Spezialitäten und Schweizerisches (Hauptgerichte 14,50 bis 24 Mark, Fondues pro Person 10 bis 13 Mark). Der junge Geschäftsführer Riemens Trost war zuvor Barmann im Kasino des Axel-Springer-Hauses in Berlin gewesen.

Manchmal kam Arndt von Bohlen und Halbach, der »Krupp-Erbe«, ins »Moby Dick«. Herbert servierte Geschnetzeltes, Zigeunerschnitzel oder Fisch und nahm es gelassen. Damals schon. Und zog wie gewohnt weiter im Herbst, nach Berlin. Denn das »Moby Dick« gehörte zum Berliner »Arosa-Hotel« der Kuhfuss-Gruppe, der auch das »Arosa-Hotel« in Davos gehörte, ebenso wie eines in Essen. Zwischen beiden, Berlin und Essen, pendelte Herbert hin und her. Wo er halt gerade gebraucht wurde. Arbeitete an der Bar, im Service, als Koch. In Berlin war Riesengrill vor Publikum angesagt, flambieren, ordentlich Feuer im Gastraum. Herberts Spezialität. Aber dann ging der Barkeeper in den Urlaub, und Herbert übernahm die Theke. »Ich hab halt gemacht, was anfiel.« Und immer beobachtet, immer gelernt.

Im Sommer darauf, 1975, ist er nach Sylt zurückgekehrt. Selbstverständlich. Das Meer rief. Aber nicht mehr »Moby Dick«. Ein Bekannter vom ersten Sommer, Harald Schliewa, betrieb ein paar Nachtlokale in Westerland, der »Stadt« von Sylt. Das »Riverboat«, das »Lord Nelson«. Und den »Pesel«, eine Cocktailbar, im Kurzentrum in Westerland. Dort arbeitete Herbert, auch im Winter. »Das lief fantastisch. Da war ich fast allein, hatte ich nur manchmal eine Frau, die mir half, aber der Laden lief damals klasse. Dann ging er pleite – aber nicht meinetwegen.« Nach zwei Jahren war also Schluss.

Harald Schliewa hatte einen Steuerberater, Edmund Maaß, den Herbert konsultierte, weil der Chef am Ende kein Gehalt mehr zahlte. »Er hatte uns nicht richtig versteuert und versichert. Da wollte ich beim Steuerberater meine Papiere holen und hören, was los war.« Die Männer redeten, und Maaß sagte: »Pachte doch den Campingplatz in Tinnum.« Das tat Herbert. O weh.

Linke Seite: Barbara Ibers-Seckler – die älteste Tochter. Hotelkauffrau. Schon in der Grundschule hatte sie keinen Zweifel: »Ich werde Chefin vom ›Sansibar‹«, erzählte sie, wenn nach Wünschen gefragt wurde. Schließlich hat sie quasi von Geburt an im ›Sansibar‹ gelebt. Ging dann aber zur Ausbildung nach Hamburg in das »Vier Jahreszeiten« und zurück auf Sylt ins Hotel »Stadt Hamburg«. »Man lernt in anderen Häusern«, hatten die Eltern gesagt. Mit dem Abschluss in der Tasche kehrte sie umgehend ins ›Sansibar‹ zurück. »Mein ganzes Leben hat sich hier abgespielt. Als unser Privathaus verkauft wurde und wir in ein anderes zogen, war mir das egal. Wichtig ist, dass das ›Sansibar‹ bleibt.« Barbara ist mit dem Koch Torsten Ibers verheiratet und hat mit ihm Tochter Lara. Das erste Enkelkind der Secklers.

»Eine schlimme Zeit. Da mag ich gar nicht mehr dran denken. Die Schlägereien. Mann, hab ich Blut gewischt.« Herbert, der Harmonische, konnte die aggressive Stimmung nicht ertragen, ging wieder zum Steuerberater. »Des isch unerträglich.« Herr Maaß hatte erneut eine Antwort: »Mensch, dann kauf doch Sansibar.« Er war nämlich auch Steuerberater von Herrn Ludwigsen, des Besitzers eines damals noch gar nicht legendären Kiosks.

In Rantum, ausgerechnet. Dem »untergegangenen Dorf«, wie es lange hieß. Denn im Laufe seiner Geschichte ist der kleine Ort am schmalen Punkt im Süden der Insel schon mehrfach verschwunden, von verheerenden Sturmfluten vernichtet, verschlungen von Wanderdünen. 1463 erstmals urkundlich erwähnt, und da hatte die Siedlung 30 Jahre zuvor in der verheerenden »Allerheiligen-Flut« bereits die meisten Bewohner und seine Kirche verloren, galten die Rantumer zunächst als die wohlhabendsten Siedler auf Sylt, denn zwischen dem ehemaligen Riff und dem Geestkern lag fruchtbares Marschland. Doch Wasser und Sand verfolgten die Bewohner, die nebenbei auch legendäre Strandräuber waren, ständig. Immer wieder mussten sie sogar ihre Gotteshäuser abreißen, weil wandernde Dünen über sie herfielen. Überhaupt musste das ganze Dorf in seiner Geschichte mindestens dreimal verlegt werden. 1819 wurde das letzte Haus des alten Rantum verkauft und zwei Jahre später schließlich abgerissen. 1903 war die Siedlung auf fünf Häuser geschrumpft, den Familien ging es gleichwohl gut, hatten sie doch das verlassene Land drumherum zwischen Puan Klent und Westerland in Besitz genommen und kassierten gute Pacht für Weide und Jagd. Vier dieser Familien verkauften ihren Grundbesitz nach dem Ersten Weltkrieg an Westerländer Spekulanten, nur Familie Nissen behielt klug ihre 40 Hektar. 1936 wurden die Kasernen für den Seefliegerhorst errichtet, erst vor wenigen Jahren schloss die Bundeswehr das Kapitel, hinterließ eine heftige Diskussion um die sozialverträgliche Nutzung der alten Kasernen, aber auch das wunderbare, ungeahnt schöne Gelände in Hörnum, auf dem vor Kurzem der Golfplatz und das First-Class-Hotel »Budersand« eröffneten.

Bis 1947 waren Hörnum und Rantum eine Gemeinde, dann machte Rantum sich selbstständig und mit seiner vorgeschriebenen Reetdachbebauung beliebt bei Feriengästen. 1973 durfte es sich Nordseebad nennen. Voraussetzung war unter anderem eine gewisse Länge Strand, der wiederum in Strandabschnitte eingeteilt war, und zu jedem Abschnitt gehörten ein Parkplatz, Strandkörbe, eine Toilette und eine kleine Strandversorgung. Die exotischen Namen »Sansibar« und »Samoa« waren allerdings nicht Vorschrift. Woher sie kommen, weiß bis heute keiner genau.

Rechte Seite: Silke Seckler – Restaurantfachfrau. Ihre »Wanderjahre« verbrachte Herberts Zweitälteste auf der »MS Europa«, bereiste Australien und Neuseeland. Doch nie hatte sie Zweifel, wo sie ihr Leben verbringen will, privat und beruflich: Zu Hause auf Sylt und im »Sansibar«. »Ich kann mir keinen schöneren Platz zum Arbeiten vorstellen.« Manchmal fährt Silke raus aufs Meer und fängt frische Makrelen. Das ist dann ein besonderer Festtag für die Gäste.

Am »Samoa«-Strand steht das Lokal »Seepferdchen«. Aber die Bude, die den »Sansibar«-Strand versorgte, hieß »Sansibar«. 250 000 Mark kostete sie. 1977. Ein Vermögen! Besonders, wenn man wie Herbert Seckler eigentlich gar kein Geld hatte. »Das war im Prinzip Selbstmord. Ohne Grundstück, nur die Bude. An die Finanzierung will ich nicht mehr denken.« Drei mal drei Meter Bretter in den Dünen am Rantumer Strand. Mehr nicht. Ohne die Strandkörbe. Die Vermietung hatte der Besitzer erst einmal behalten. Die machte später noch einmal zwei Millionen Mark.

Anfang der Achtziger verkaufte die Bundesrepublik dann die Liegenschaften. Herbert blieb nichts anderes übrig, als auch das Grundstück um seine Bude herum zu kaufen. 33 Mark pro Quadratmeter. Fast eine Million Mark wurden fällig. »So viel Geld, schon wieder! Der Mann vom Bundesvermögensamt wollte unbedingt, dass ich kaufe. Ich habe mich geweigert und geweigert, ich hatte kein Geld dafür. Dann sagte er, jetzt habe er einen Käufer, hat mich so erpresst. Dann habe ich es gekauft, mit Schulden.« 30 000 Quadratmeter, bis zum Strand. Heide, Sand, Strandhafer. »Bis Dünenende« steht in dem Vertrag. Warum das Areal gleich so riesig sein musste für eine so kleine Bude? »Weil sie Geld wollten. Wie immer. Das begleitet mich mein ganzes Leben.« Ein kompletter Wahnsinn. Damals, 1977. Ein Glück, heute. Aber Herbert hatte die Angelegenheit gar nicht zu Ende gedacht – schon gar nicht zum heutigen –, sondern einfach dem Steuerberater Maaß geantwortet: »Mach ich!« So war er. Und auf sein »Mach ich« konnte und kann man sich immer verlassen.

Und außerdem wollte er ja unbedingt auf Sylt bleiben. Den Weltenbummler, der er seit Teenagerzeiten gewesen war, zog es nicht mehr hinaus in die Welt. »Ich habe mich hier einfach wohlgefühlt. Das kann man nicht erklären. Ich habe oft versucht, eine Erklärung dafür zu finden, warum ich den Ort so liebe, doch ich weiß es nicht. Es ist ein abgewetzter Spruch, aber er hat Gültigkeit: Entweder man liebt es oder nicht. Zu mir spricht die Insel, ich bin überzeugt. Ich bin hier verwurzelt.«

Da stand er also, verschuldet bis über beide Ohren und beide Beine, in seinem kleinen Kiosk. »Eher eine kleine Hütte, in einem alten Laufstall lagen Kinderspielsachen, Bälle, Schaufeln, Beachballspiele und so ein Kram. Ansonsten war da nicht mal mehr ein Topf.« Aber immerhin noch die Tische und Stühle, fünf Tische für je fünf Personen. Grüne und rote Plastikgartenmöbel. Das kulinarische Angebot umfasste zehn Gerichte: Bockwurst mit Brot, Bockwurst mit Pommes,

Linke Seite: Niklas Seckler – der einzige Sohn. Er besucht das Gymnasium, hilft manchmal aus im »Sansibar«. Seine Zukunft ist noch offen, im Gegensatz zu den großen Schwestern könnte er sich auch ein Leben außerhalb der Gastronomie vorstellen. Der 17-Jährige ist nämlich bereits ein Spezialist im Computerdesign.

Bockwurst mit Brot und Pommes, Bockwurst mit Senf, Bockwurst … Manchmal Erbseneintopf oder Milchreis und Kaffee und Kuchen. Herbert wurde ganz schwindelig. »Davon bist du verhungert, das wäre ja nie gegangen. Und die hatten auch nur von 12 bis 16 Uhr geöffnet.«

Rantum war nicht gerade der Nabel der Touristenwelt. Schon gar nicht fuhr man gezielt in die Dünen, um dort zu speisen. Der Kiosk bediente die Strandspaziergänger, die zufällig vorbei kamen. »Im ersten Jahr habe ich 80 000 Mark umgesetzt, im ganzen Jahr, das weiß ich noch. Pleiter geht gar nicht. Spätestens da habe ich gemerkt, man muss mehr machen.« Jahrelang hat Herbert mit niemandem mehr gesprochen als mit dem Sachbearbeiter von der Commerzbank. Der rief morgens um 8 Uhr schon an: »Da ist eine Überweisung über 300 Mark, die kann ich nicht durchlassen.« Was für ein Druck. »Da siehst du kein Land mehr!« Aber der Sommer am Strand, das Meer, das Licht, die Luft waren herrlich. Und Herbert, auch so eine Gabe, ergriff nie die Panik, am Ende zu sein. Er konnte ganz gut umgehen mit finanziellen Sorgen. Wenn er nicht schlafen konnte deswegen, dann hat er halt gearbeitet. Er hat sehr wenig geschlafen in jenen Jahren, und das hat ihn unter Strom gehalten.

Und er rackerte: Arbeitete im Winter auf den sogenannten Butterschiffen, der Touristenbootflotte »Palucca«. Eines Tages rief der Bruder vom Steuerberater Maaß an und sagte: »Hör mal, du brauchst doch Geld! Der Detlef Detlefs, der Kapitän der ›Palucca‹, geht in Urlaub, übernimm doch die Gastronomie auf den Schiffen, bis er wiederkommt, in zwei Monaten oder so.« Herbert schlug ein, Chef Detlefs fragte prompt: »Willst du nicht gleich pachten?« Herbert, zu hoch verschuldet, um weitere Verantwortung zu übernehmen, antwortete eher abweisend: »Ich überleg's mir.« Der eine ging in Urlaub, der andere an Bord, wobei die Arbeit dort Herbert überhaupt nicht bekam. Er wird leicht seekrank. Aber natürlich zog er den Job durch. Das hatte er ja zugesagt. Und das Geschäft lief gut. Als Detlefs wiederkommt, geraten die Männer aneinander. Detlefs begrüßt Herbert mit den Worten: »Wie geht's meinem Pächter?« – »Was heißt Pächter? Bin ich doch gar nicht.« – »Willst du?« – »Nein, ich vertrag die See nicht.« – »Dann verlass sofort mein Schiff!«

Herbert wurde von Bord gejagt und verklagt, weil er seinen Pachtvertrag nicht einhalten würde … Detlefs wollte Pacht und Einnahmen von einem halben Jahr. Schon wieder ein Wahnsinn an Verbindlichkeiten. Doch Herbert hielt dagegen, er klagte. Und hatte einen Vorteil, die Einnahmen

Rechte Seite: Anna Seckler – das Nesthäkchen. Die Achtjährige besucht die Grundschule auf Sylt und ist eine passionierte Springreiterin.

SANSIBAR

lagen auf seinem Konto. Schließlich gewann er tatsächlich den Prozess und durfte einen Großteil der Einnahmen behalten. Das half. Damit hatte er quasi die ersten Maschen gestrickt am Netz für den finanziellen Drahtseilakt »Sansibar«.

Er hatte noch etwas gelernt: Zu Silvester waren die Unterhaltungsschiffe stets ausgebucht. So bot er an: Silvester am Strand in der Hütte. 1979 war das, 30 Leute kamen. »Ab diesem Tag habe ich nie wieder zugemacht.« Das gilt bis heute. Nur einmal im Jahr ist das »Sansibar« geschlossen: Heiligabend, da feiert Familie Seckler mit der »Sansibar«-Familie, mit allen Mitarbeitern.

»Leicht war es nicht, auch im Winter durchzuhalten. Es war natürlich sehr einsam. Das kann man heute nicht mehr verstehen, aber ich habe nicht mal mehr das Geld gehabt, die Heizung anzumachen. Da habe ich mir lange Unterwäsche gekauft. Ich Vollidiot habe lange Rheumaunterwäsche getragen. Wie das juckt! Da gehst du kaputt! Aber ich hatte ja kein Geld, ich saß da oben und habe geschlottert. Mein Glück war der Bücherständer. So etwas hatte man früher im Kiosk. Ich saß da wochenlang mutterseelenallein und habe die ganzen Bücher gelesen.« Doch dann kamen die ersten Einheimischen. »Die haben sich den Bauch gehalten vor Lachen, wie so ein Vollidiot im Winter aufmachen kann, haben aber einen Grog getrunken oder irgendwas. Und schon hatte ich ein paar Mark. So ging es dann los.« Die Secklers wurschtelten sich durch. Immer müde. Ernährten sich monatelang nur von Spaghetti. Es gibt ein Foto von Helga Seckler, die über einer Schüssel voll geschälter Äpfel eingeschlafen ist.

Helga, die er 1979 kennengelernt hatte. Die Mutter seiner vier Kinder, drei Töchter und ein Sohn. Sie war Schauspielschülerin aus Tübingen, blond, schön, klug, jobbte im Sommer auf Sylt, verliebte sich in die Landschaft und dann in Herbert. Kam an, um für immer zu bleiben. »Sie ist ein Stück Herbert, und ich bin ein Stück Helga.«

Am 9. Juni 1982 brennt ihre Existenz. Lichterloh, im Morgengrauen. Brandstiftung, vermutlich. Christian Lorenzen, der heute im »Sansibar« die Strandkörbe verwaltet, war damals schon dabei. Der bekam einen Anruf: »Chrischan, ihr müsst nach Rantum. Es brennt dort.« – »Und wieder war ich pleite.« Mit seiner kleinen Familie zog Herbert in das »Sansibar«, oder besser in das, was vom Brand übrig geblieben war, weil er sich etwas anderes gar nicht mehr leisten konnte. Auch nicht mehr die Bleibe in Tinnum. Mit Baby Barbara, mit der zweiten Tochter Silke war Helga gerade schwanger. Wie hart jene Zeit war, kann man nur ahnen. »Du lebst damit, wenn du es nicht anders kennst.« Das einzige Glück: Barbara hatte den größten vorstellbaren Spielplatz. Den Strand. Und Eltern, die aus ihrer Naturverbundenheit Kraft schöpfen konnten. Eine sehr schmale Zeit. Dann konnte Herbert Haus »Düneck« in Rantum für seine Familie und seine Mitarbeiter mieten, später kaufte er den alten Bahnhof. Seit fünf Jahren leben die Secklers in ihrer heutigen »Familien-Burg«. Sie steht – umgeben von einem großen Garten voll Rhododendron, Blumen und Gemüse – an der Wattseite, drei kleine Häuser zu einem zusammengefügt, mit sehr hellen, großzügigen Räumen, alles offen, mit der großen Küche, der Kommunikationszentrale in der Mitte. Ein Platz für immer. Auch immer noch für die großen Töchter und das Enkelkind. Und sonst kommen nur enge Freunde hin, es ist die heile Welt. »Auf Sylt bin ich einfach zu bekannt. Jeder kommt und labert dich zu. Manchmal möchte man ein Schild haben: Bitte nicht anfassen und nicht füttern. Du kannst dich nirgends mehr hinsetzen und fünf Minuten denken. Dann kommt wieder einer: ›Ach, gönnen Sie sich mal Ruhe! Das muss ja auch anstrengend sein, dass alle immer mit Ihnen reden wollen.‹ Der stellt sich vor mich hin und redet mit mir. Ohne Pause. Wirklich, da kochst du! Deswegen bin ich so gern in meinem Haus, da habe ich meine Ruhe.«

Auch sein altes Rantum gibt es nicht mehr. »Es ist inzwischen ein Touristenort, da wohnen keine Einheimischen mehr. Das ist schade, aber ich wohne hier gerne.« Der Brand war sein Glück. Aber nur, weil er genug Chuzpe hatte, die Chance darin zu ergreifen. Denn versichert war er nicht. Hatte er sich gar nicht leisten können. Aber das musste ja nicht jeder wissen. Und so wiederholte sich die Geschichte von der One-Million-Dollar-Note: Herbert baute sein neues »Sansibar« auf einem Trick auf: Die Versicherung würde zahlen, erklärte er jedem, der Material und Ware lieferte ... Na ja. Am Ende hat tatsächlich jeder sein Geld bekommen. Auf Heller und Pfennig.

1983 war sein erstes gutes Jahr. »Da ging es los. Jedenfalls konnte ich schon mal die ersten Schulden bezahlen.« Es war das erste Jahr, in dem er im November noch Geld hatte. Und in dem nach der zweijährigen Barbara im September Silke kam. Und die ersten prominenten Gäste den magischen Ort entdeckten. Peter Boenisch, der verstorbene Publizist, ehemalige Regierungssprecher und Vertraute von Axel Springer, fand als Erster den Weg und das »Sansibar« witzig. Bohemien, halt. Etwas anderes, mal. »Du bist ein Netter«, sagte er zu Herbert. »Mir gefällt's da«, sagte er zu anderen. Und das war eine Ansage. Boenisch kam dann gleich mit dem amerikanischen Botschafter, der brachte einen Essener Millionär mit, und der kam dann jeden Abend mit zehn, zwölf anderen Leuten aus Kampen. Die kamen wieder mit anderen. So ging es los. Und dann kam auch Gunter Sachs. Und es ging nie wieder bergab.

SANSIBAR – MEIN SYLT
VON GUNTER SACHS

»Sansibar« – jenes Eiland aus Tausend und seiner letzten Nacht, erzählt von prunkvollen Wüstenzelten, kristallenen Palästen und jenem geheimnisvollen Sesam, dessen Zauberwort – im Gegensatz zu liechtensteinischen Stiftungen und Schweizer Banken – nur Ali Baba kannte. Schemenhaft – nur in flirrenden Strahlen, wenn die rote Sonne bei Capri im Meer versinkt – taucht die Märcheninsel am diffusen Horizont auf und verheißt dem Wanderer schillernde, palmenbestandene Oasen, inmitten von sprudelnden Gewässern. Jene Fata Morgana reiste tausende von Meilen durch den Äther (Anmerkung: Schon die Dänen sahen vor Jahrhunderten ein ägyptisches Schiff aus dem Hafen Alexandriens an ihrem Himmel – kopfüber – segeln. [Verbrieft, nicht des Autors Phantasie!])

Auf seiner weiten Reise entdeckte das Trugbild im Fluge über nordische Meere eine lang gezogene Sandfläche – ähnlich den Inseln seiner fernen Heimat. Es ließ sich nieder, um zu rasten. Nordfriesen kennen nur Reales – Trugbilder aus Kristall und Edelstein sind ihnen fremd. Doch nach Begleichung zweier Kurtaxen wurden »Vater Mohr« und »Hanna«, wie sie die Erscheinung nannten, als Kurgäste auf »Sylt« – so der Name des »Eisen-4-ähnlichen« Eilandes – geduldet. Zornig über diese doppelte friesische Verweilgebühr ließ die Spiegelung ihre Paläste schrumpfen – bis auf eine verwitterte Hütte in den weiten Dünen.

Da nahte aus fernster Fern' der verwunschene *Magister arte culinari Herberg* – Verzeihung – Herbert. Der Bannstrahl der Hexe »Inkasax« hatte ihn getroffen, da er sich einst über die Pfannkuchen der Besenreiterin mokiert hatte. »In der ersten Behausung, die du nach meinem Fluch erblickest, sollst du – bis ans Ende der Zeit – für jeden Verirrten in diesen Dünen kochen, ohne dass je ein Wort der Klage über eine Mahlzeit gehöret werde!« … »Sonst«, so keifte sie schrill, »verwandle ich dich in einen meiner Pfannkuchen.« Herbert schüttelte sich bei dem Gedanken, so flach und dünn zu werden …

Ihr kennt das Ende der »Fata Morgana des ›Sansibar‹«: Noch immer ist Herbert – unser erhabener Koch der Köche – nicht flach geworden …

Linke Seite: Niedrigwasser am Kampener Strand

Oben: Leuchtende Priele im Wattenmeer

GÜNTER NETZER

Meine Frau Elvira hatte ein Faible für die Insel. Ernst Happel, der legendäre HSV-Trainer, zog sich dorthin zurück, wenn ihm alles zu viel wurde, sein Magengeschwür ihn besonders quälte. Auch Branko Zebec hatte immer geschwärmt. Wenn man in Hamburg lebte, wo ich von 1978 bis 1986 als Manager beim Hamburger Sportverein tätig war, war Sylt ein allgegenwärtiges Thema. Also zogen auch mich Elvira und die Neugier und vor allem die Sehnsucht nach Ruhe und Anonymität dahin. Ich habe lange Spaziergänge genutzt, um wichtige Dinge zu regeln, statt Entscheidungen von der Hektik des Büros beeinflussen zu lassen.

Sylt wird zudem meinen ästhetischen Ansprüchen gerecht, ich bin immer auf der Suche nach den schönsten Dingen im Leben. Menschen, Landschaften, Autos. Dort oben im Norden findet sich Perfektion – mal abgesehen wohl von Westerland – auf engem Raum. Und mir gefällt die Option: Man kann am Leben teilhaben, aber sich eben auch ausgliedern und verstecken. Stundenlang am Ellenbogen laufen, meinen Lieblingsort Keitum erwandern. Und sich in kürzester Zeit erholen, wie sonst nirgends. Wir wohnen stets im Fährhaus Munkmarsch. Rein zufällig, eigentlich. Wir waren auf der Insel, hatten kein Zimmer, dort bot sich eben zufällig noch Platz, und wir haben nie wieder einen anderen gesucht.

Ende der Achtzigerjahre, unsere Tochter Alana war gerade ein Jahr alt, fand am Strand des »Sansibar« eine Party statt. Ich schaute mir das Treiben an und dachte nur: »Bloß weg. In diese Gesellschaft passt du nicht.« Ein paar Tage später waren wir dann aber zum Essen mit Freunden im »Sansibar« verabredet. Wir wurden direkt an den sogenannten Prominententisch geführt, das ist der große ovale Platz gleich links. Ich fühlte mich unwohl, wie präsentiert dort, schaute also durch das Lokal, entdeckte einen Tisch ganz hinten in der äußersten Ecke. Das war ein Platz nach meinem Geschmack, unauffällig. »Da kommt doch keiner hin«, sagte Herbert überrascht. »Dann bin ich dort richtig«, antwortete ich. Herbert hat mich sofort verstanden. Wir bekamen den Platz und sitzen dort bis heute. Ein paar Meter weiter inzwischen, vor 14 Jahren hat Herbert das »Stübchen« angebaut. Das hat den Status vom Prominententisch abgelöst. Was mir egal ist. In der Ecke ist man immer noch ungestört. Wir kamen ins Gespräch, wie es so Herberts Art ist. Und sind es geblieben. Mein Leben ist eine Ansammlung von Menschenkenntnis, das rechtzeitige »Erkennen-Können« hat mich vor vielem bewahrt, mir manche negative Erfahrung wohl erspart. Herbert erschien mir wie ein Echo darauf. Seine Menschenkenntnis, sein Blick auf die Rituale haben mich fasziniert. Und seine Bodenständigkeit! Nie ist er abgehoben, es hat nicht einmal die Gefahr bestanden. All der Erfolg hat ihn nie veranlasst, ein anderer zu werden. Nach diesem Kriterium sortiere ich Menschen in Freunde oder eben nicht.

Herbert hat eine offene Art, aber er ist kein offenes Buch. Man muss den inneren Wall um ihn herum erst einmal erobern. Aber wenn man das geschafft hat, dann ist man drin fürs Leben. Das ist ein gutes Gefühl. Herbert ist mein Freund, und wenn ich das »Sansibar« betrete, komme ich nach Hause.

EIN SCHWABE AUF SYLT –
VON ANGELIKA JAHR

Du bist ein Schwabe auf Sylt – als ich Dich fragte, ob Deine auf Sylt geborenen Kinder Schwaben oder Sylter wären, sagtest Du: »Schwaben natürlich – wenn eine Katze ihre Jungen im Fischgeschäft zur Welt bringt, bleiben sie doch immer noch Katzen und keine Fische!« So bist Du eben, gemütvoll mit viel Humor und auch Selbstironie.

Als wir uns das erste Mal begegneten, warst Du (damals noch Sie) Herbert Seckler, Promiwirt eines erfolgreichen Restaurants auf Sylt und ich Angelika Jahr, Chefredakteurin eines aufwärtsstrebenden Food-Magazins. Zwischen uns stand ein ziemlich negativer Bericht über Deine »Sansibar« in meinem »essen & trinken«. Du warst sauer und ich bereit, die Arbeit meiner Redakteurin bis aufs Messer zu verteidigen. Aber irgendwie kam unsere Kampfeslust nicht so richtig zum Ausbruch. Ich fand Deine Küche nicht so schlecht, wie ich es mir in den Kopf gesetzt hatte, und Dir gelang es nicht, in mir die arrogante Ziege zu erkennen, auf die Du Dich eingestellt hattest. Seitdem wurde ich eine Deiner vielen Stammkunden. In unzähligen Gesprächen bei gutem Essen und noch besserem Wein entdeckten wir langsam eine nicht mehr zu übersehende Sympathie füreinander. Und so wählte ich Anfang dieses Jahrtausends das »Sansibar« für meinen bevorstehenden runden Geburtstag. Im Laufe der aufwendigen Vorbereitungen zu meinem Fest bei Dir kristallisierte sich eine ungeklärte Frage zwischen uns zu einem »Dollpunkt«, an dem die Geburtstagsparty zu scheitern drohte: »Tür oder nicht Tür?« Es ging um eine bis dahin nicht vorhandene Tür zwischen dem inneren Bereich des »Sansibar« und der außen herumlaufenden Veranda. Für mich war diese Verbindungstür der beiden Bereiche unabdingbar, wenn ich eine Trennung meiner Gäste in zwei Schichten vermeiden wollte. Du wehrtest Dich mit Händen und Füßen, weil Du glaubtest, dadurch ein paar Tische zu verlieren. Schließlich bot ich Dir an, die Tür auf meine Kosten zu installieren und, wenn nötig, auch auf meine Kosten wieder zu schließen – nach dem Fest. Gesagt, getan – wie mit Zauberhand wurde aus dem zweigeteilten Restaurant eine Einheit. Sowohl die Gäste als auch die Bedienung strömten durch den neu geschaffenen Durchgang. Und natürlich blieb die Tür. Seitdem ziert sie ein kleines Messingschild, das mich als großzügige Spenderin einer Tür im »Sansibar« ausweist.

Inzwischen sind Du und ich echte Freunde. Wir reden über alles – über gestern, heute und morgen und über Menschen, die wir mögen oder auch nicht. Und wir hören auf den Rat des anderen, wenn wir ihn suchen. Ich schätze Deine Menschenkenntnis und Du meinen kritischen Anspruch an gutes Essen und Trinken. Mein Lieblingstisch in der Sansibar steht immer bereit – in meinem Lieblingsrestaurant bei meinem Lieblingswirt auf Sylt – in der Nähe einer Tür, die sich nie mehr schließen wird – wie das Tor zu unserer Freundschaft!

Linke Seite: Bunkerreste vor Kampen

WOLFGANG JOOP

Ob Nutt, ob Butt – im Sansibar
geht's allen gut!
Ob Filet, ob FLUNDER – im Sansibar
da gibt es Wunder!
und willst Du sein ganz unbeschwert
frag HER(I)BERT, frag Her(i)bert
2010

Ein süßer Junge, das Herbertle. Ein Wonneproppen. Am 2. März 1952 hineingeboren in eine heile, sparsame Welt. Die Familie lebte in Wasseralfingen, das in den Siebzigerjahren eingemeindet wurde in Aalen, im Schwäbischen. 70 Kilometer östlich von Stuttgart, 50 Kilometer nördlich von Ulm, durchzogen von einem Nebenarm des Neckars, umgeben von den Ellwanger Bergen. Eine Region mit Erzabbau, bekannt auch durch Kunstgüsse. Eine landschaftlich schöne Gegend, eine überschaubare Ortschaft, dank der Schwäbischen Hüttenwerke und dem Alfinger Werk für Kurbelwellen stimmte in den Fünfzigerjahren das Bruttosozialprodukt zuversichtlich.

Vater Albert Seckler war Schreiner und Politiker, Prokurist und Landrat. »In der falschen Partei«, wie der Sohn sagt. In der KPD. War deswegen ins KZ gesperrt worden und hatte nach dem Krieg ein Jahr in U-Haft gesessen, wurde freigesprochen und blieb politisch tätig, später auch im Untergrund. Von 1949 bis 1953 waren die Kommunisten im Bundestag vertreten, 1956 wurde die Partei im Westen verboten. »Kommunist« war ein Schimpfwort in Herberts Jugend. Doch die Secklers lebten unbehelligt von Anfeindungen, der Vater diskutierte allerdings gern und viel in der Gemeinde. Bei dem Straßenbauunternehmer Xaver Kolb hatte er eine ordentliche Anstellung als Prokurist bekommen. »Da ging es ihm gut. Dadurch war für uns alles so weit in Ordnung.« Albert Seckler war ein freundlicher Mann, ein guter Vater, fortschrittlich für die Zeit, setzte er sich dafür ein, dass Kinder niemals geschlagen werden dürften. Er war viel unterwegs in Parteidingen, aber seinen Söhnen nicht fremder Patriarch, sondern einer, auf den man sich verlassen konnte, wenn mal ein Erziehungsberechtigter in der Schule oder auf der Lehrstelle gebraucht wurde.

Barbara Seckler kam aus einer großen Familie, war leidenschaftlich Hausfrau, Mutter und Köchin, arbeitete nebenher bei einem Bauern. Von ihr hat Herbert die Freude am »Wohlgefühlgeben« und das Faible für Hausmannskost, die Lust am Essen. Ofenschlupfer, Kartoffelsuppe, Maultaschen, Braten mit Spätzle, Griebleschnecken. Großes Schwabenküchenkino. Bei Muttern war es immer gemütlich. Man saß selbstverständlich zu den drei Mahlzeiten am Tag beieinander und schwätzte. Die Eltern, das Herbertle und das Albertle, der sechs Jahre ältere Bruder. Ein einziges Mal ist der Mutter bei ihrem Jüngeren die Hand ausgerutscht. Dafür hat sie sich ein Leben lang entschuldigt. Zum Spielen gingen die Jungs einfach raus auf die Straße, zum Kicken, zum Völkerball, Federball, da waren auch all die anderen Kinder. Herbert hatte besonders viele Freunde, er war ein lebhafter Junge und beliebt. Einer, der gleich in die Mannschaft gewählt wurde, nicht erst am Ende. Nie waren die Secklers am Meer. Der Vater gehörte der sozialistischen Umwelt- und Freizeit-

DER KLEINE HERBERT

bewegung »NaturFreunde« an, sie gingen wandern oder Skilaufen oder Skiwandern. Fuhren in die Berge, an Bergseen, nach Oberstaufen, Garmisch-Partenkirchen, an den Starnberger See. Nie nach Italien, wie es Mode geworden war im Wirtschaftswunderdeutschland. Nie an die Küste im Norden. Es gab keine Seefahrer, keine Nordmänner in der Familie, die Herberts Faible für die See erklären würden. Keine Beziehung zum Meer. Höchstens die Wellen im Stadtwappen von Wasseralfingen. Albert junior kommt heute zwar gern an die Küste, um den Bruder zu besuchen. Die Männer haben ein enges Verhältnis. Aber gelebt haben Bruder Seckler, Architekt und Stadtbaumeister, und seine Frau immer in Aalen. »Manchmal habe ich schon Sehnsucht nach Wäldern oder Bergen. Oberammergau, Garmisch, die Partnachklamm und solche Sachen zu laufen, ein bisschen im Wald spazieren zu gehen, das hat schon was … Na ja, ein paar Tage, aber dann will ich wieder nach Hause.« Nach Sylt. Zum Wasser, zum Blick.

Schule war nicht so Herberts Sache. »Ich saß da, und jeder sagte: ›Der könnte, wenn er wollte.‹ Das ist ein dummer Spruch. Vielleicht fehlt mir nicht der Geist, aber wenn der Lehrer gesprochen hat, bin ich eingeschlafen. Schule war nie mein Ding, ein Albtraum.« Hausaufgaben hat er eher wenig gemacht, dafür lieber gleich den Unterricht geschwänzt. Die Eltern ließen ihn, sie hatten viel zu tun. Er war auch nicht aufsässig. Nur eben abwesend. Auch wenn er am Pult saß. »Schule hat mir derart widerstrebt, das kann ich gar nicht sagen. Vielleicht, weil ich dort schon am zweiten Tag Prügel bezogen habe. Ich war das ja nicht gewohnt. Ich kam aus einer freundlichen Welt.« Er mühte sich also durch die Volksschule, wie die Grundschule damals noch hieß, die Mittelschule wurde ihm schließlich zu viel. Oder er der Mittelschule. Mit 14 Jahren beendete er diesen Teil der Karriere. Nach nur sieben Jahren. Er hatte Glück: Die sogenannten Kurzschuljahre bei der Umstellung von Oster- auf Sommerversetzung betrafen auch ihn.

Aber was werden? Straßenrandsteinsetzer hatte er eine Zeit lang gedacht. Denn in den Ferien jobbte er als Zwölf-, Dreizehnjähriger in der Straßenbaufirma, in der auch der Vater tätig war. Für 3,21 Mark die Stunde. Er wollte gern ein Tonbandgerät und musste es sich verdienen. Der Akkordrandsteinsetzer fuhr einen Mercedes. Das beeindruckte ihn. Er war sportlich, aber klein. Das Rückenleiden erinnert ihn bis heute an das Schleppen der riesigen Sandsteine. »Manchmal konnte ich mich nicht mehr bewegen. Und weil ich solche Schmerzen hatte, durfte ich dann eine Zeit lang den Baustellenverkehr regeln. In der Sommerhitze, aber das hat mir Spaß gemacht. Das habe ich locker vier Wochen getan. Mir gefiel es.« Aber der Vater sagte, das sei ein »Scheißjob«

gewesen. Also durfte Herbertle nicht Randsteinsetzer werden. Er hatte einen Freund, der wohnte im selben Block, war älter und imponierte dem Jüngeren schon deswegen. Er war Koch. Toll. Als Herbert noch kleiner gewesen war, hatte es immer geheißen, Koch wäre etwas für Schwule. Du liebe Güte. Koch kam also nicht in Frage. Vielleicht Fernmeldetechniker? Die Guten in der Schule wurden das nämlich. »Ich bin aber durch die Prüfung gerasselt, sonst wäre ich heute sogar Fernmeldetechniker.« Anbei ein Dankschreiben an das Schicksal ... Also doch Koch. Gegen den Protest der gesamten Familie. Das ist doch kein Beruf! Das Albertle war schließlich Architekt. War sogar an der Staatsbauschule Stuttgart.

Das Herbertle aber heuerte in dem Betrieb an, in dem auch der Kumpel gelernt hatte. Allerdings hörte der gerade auf im »Waldgasthof Erzgrube«. Das Lokal war nicht schlecht. »Der Koch, der Chef, war ein Vollidiot, der hat uns nur geprügelt, ein totaler Psychopath, aber der konnte kochen, wirklich wahr. Da habe ich viel gelernt, muss ich sagen.« Man war ja nicht zimperlich damals. Vierzig-Stunden-Woche? Witzig! Frei am Wochenende? Haha! Die Lehrlinge wurden gnadenlos ausgenutzt. Bis heute geht es im Küchenbereich robust zu, damals war es geradezu gewalttätig. Wer nicht aufpasste, der bekam schon mal eine Pfanne über den Kopf. Oder eine Gabel in den Arm. Oder beides. Nach zwei Jahren zog Herbert weiter nach Heidenheim, da gab es noch mehr Prügel. Aber mit 17 hatte er sein Kochdiplom. Und Fernweh. Die Mutter war sehr besorgt. Auslandsaufenthalte waren in den Sechzigerjahren bei jungen Leuten noch nicht an der Tagesordnung. Was sollte aus dem Jungen denn in der Fremde werden? Er konnte doch noch nicht einmal mit Geld umgehen. »Taschengeld haben wir nicht bekommen, wir hatten ja nichts. Aber wenn ich mal Geld hatte, dann war es gleich wieder weg. Wenn es Lohn gab, hatte ich am Fünften des Monats nichts mehr. So war ich.« Doch der Vater blieb gelassen, er war ja selbst als Handwerksbursche auf der Walz gewesen. Von der Mutter die Kochkunst, vom Vater die Wanderlust. Herbert zog also in die Schweiz, Gstaad, Arosa, Montreux, heuerte in großen Häusern an. Als er im »Palace« in St. Moritz aushilft, erklärt der alte Chefkoch: »Kein Deutscher fasst hier Fleisch an!« Herbert trug es mit Fassung. So wie er heute als Wirt ist, so war er schon als Herbertle, offen, lustig, aufgeschlossen. Der Liebling auf Familienfesten. Nur sportlich ist er nicht mehr wie früher. Aber er wollte auch anders sein. Haben seine Schulkameraden gesagt. Er wollte immer weg. War ein Abenteurer. Weniger im Huckleberry-Finnschen Sinn. »Ich wollte immer nur raus, raus, raus. Ich war in Schweden und überall. Irgendwie hat es mich getrieben.« Bis er ankam. An einem diesigen Maitag auf Sylt.

SANSIBAR
SYLT

Vielleicht ist es das zweitausendachthundertfünfzigste Gericht, das an diesem Augustnachmittag gerade in Richtung Nebentisch wandert. Scampipfanne, köstlich. Unter 3000 Portionen macht Herbert Seckler es eigentlich nicht am Tag. Und an einem so schönen Tag wie heute sind es womöglich noch mehr. 160 Innenplätze, 100 draußen, gefühlte 800. Die Gäste sitzen überall, im Restaurant, auf der Terrasse, vorn im Sand, am Steg runter zum Strand, an dem die Kinder seit Generationen selbst bemalte Muscheln und Steine verkaufen. Wenn sie sich nicht köstlich amüsieren in der großen Kuhle, die wahrlich den Namen Spielplatz verdient. Mit einem Seil können die Kleinen tarzangleich übers Gelände schwingen, mit den Bobby-Cars eine Rampe heruntersausen, im speziellen, von Michael Rummenigge entwickelten Netzrund Kicken üben oder auf den Wipppferdchen schaukeln, bis die Pommes in die eine oder andere Richtung verdaut sind. Oder sie können einfach mal losstromern, die Dünen erobern und von ganz weit oben den Eltern zuwinken wie Hillary vom Mount Everest, wie der Spion vom Ausguck eines Seeräuberschiffes.

Auch das ist eines der Erfolgsgeheimnisse des »Sansibar« auf Sylt. Die Kinder sind gut aufgehoben, haben ihr Vergnügen, sind gleichwohl in Sichtweite und Sicherheit, können schnell zwischendurch etwas essen und auch mal kurz sehr weinen oder sich beschweren wegen einer weltbewegenden Ungerechtigkeit, um dann blitzgetröstet gleich wieder abzusausen – und lassen so Eltern Tag und Abend genießen. Und wenn das »Kind« ein Hund ist, dann ist es auch willkommen. Ein riesiger Wassernapf steht immer bereit. Für manche Stammhunde auch ein Steak. Nur benehmen muss Hund sich. Denn das Motto: »Hier bin ich Mensch, hier kann ich sein«, gilt für alle Gäste gleichermaßen. Das tut allen gut. Und verpflichtet zu gewisser Rücksicht.

Das »Sansibar« steht auf der Düne, das spitze Gras, das den Sand mit seinen robusten Wurzeln zusammenhält, wogt an diesem Sonnentag nur ganz leicht vor sich hin, das Meer blitzt durch den Pfad zum Strand hindurch, der Himmel ist überall und endlos, und so ungezwungen ist auch die Atmosphäre. Das Servicepersonal ist eine Klasse für sich, höflich, fleißig, witzig, alle Persönlichkeiten. Auch das ist das Prinzip »Sansibar«.

Wir sitzen am Tisch auf der Terrasse gleich am Eingang, der beste Platz bei Draußenwetter, von da hat man alles im Blick und Sonne im Gesicht. Oder den großen Sonnenschirm über sich, den vor allem, wenn es regnet. Wenn die Sonne scheint auf Sylt, will sie keiner ausschließen. Es ist der Stammplatz von Air-Berlin-Chef Joachim Hunold, mit gravierter Plakette auf der Holzbank. Schräg gegenüber an der Wand vom Anbau, der erst nur Terrasse war, dann überdacht und dann dringend benötigter Ganzjahresraum wurde, steht eine kleine Bank ohne Tisch. Dort sitzt Herbert gern für eine Zigarette. Bei Hochzeiten auch hungrige Gäste (»besser als gar kein Platz«) oder Strandwanderer, die die Füße wieder in Schuhe schieben. Wobei Schuhe nicht Vorschrift sind in der Sansibar. Überhaupt gibt es wenig Vorschriften. Die wichtigste lautet: »Der Gast isch König!«

Es gibt natürlich immer welche, die interpretieren die Königsehre falsch, spielen sich auf, machen den großen Max. Vor allem, seit das »Sansibar« ein so berühmter Ort geworden ist. Dagegen angehen bringt nichts, das hat Herbert längst gelernt, so wie er Fassaden schnell durchschaut. Und beides hat ihn weit gebracht: »Wer sich zu wichtig nimmt, fällt immer auf die Nase. Und ich war immer ein perfekter Dienstleister.« Mit Devotsein sollte man das nicht verwechseln. Herbert, der immer »Ich bin der Herbert« und nur ungern »Herr Seckler« und per Sie ist, ohne dabei jedoch aufdringlich zu wirken, ist halt das Gegenteil von Hektik. Klar, er kann ganz schön energisch werden. Hinten in der Küche, zum Beispiel. 160 Angestellte, da geht nicht nur Schmusekurs.

Aber sein Wesen und damit auch das Wesen des »Sansibar« ist auf Ausgleich und Harmonie gepolt. Dort kommt der gestressteste Manager zur Ruhe und auch der normalste Tourist zu seinem Recht. Zwischen Château d'Yquem und Currywurst geht alles. Auch Eis am Stiel auf die Hand aufgeregter Kinder in dem Container auf halber Strecke am Holzsteg runter zum Wasser. Die Harmonie gehört zum Erfolgsgeheimnis, wobei sie genau genommen gar nicht geheim ist, nur das Kopieren gelingt eben nicht ohne Weiteres. Es braucht eben einen Herbert mit seiner ausgeprägten Gastfreundschaft, dem Gespür dafür, was Gäste wirklich brauchen, um die ganz spezielle Atmosphäre herzustellen, die das Sansibar weit über die schleswig-holsteinischen Landesgrenzen berühmt gemacht hat. Vom »lecker Essen« ganz abgesehen.

Inzwischen findet man sogar im »Ritz Carlton« in Moskau eine »Sansibar«, eine weitere schippert auf der »MS Europa« über die Weltmeere. Aber eben nur als Bar. Das Original lässt sich nicht franchisen. Herbert kann man nicht klonen. So wie man Sylter Luft nicht wirklich in Flaschen abfüllen kann. Apropos: *das* oder *die* Sansibar? Was gilt eigentlich? Das Restaurant, die Bar? Genau genommen gilt das Neutrum. Wie das Wohnzimmer, aber Dogma zählt nicht in den Dünen. Also ist beides erlaubt. Und Helga, Herberts Frau, hat mal im Scherz gesagt, es muss schon deswegen *die* Sansibar heißen, weil ihr Mann oft so spät nach Haus kommt …

An diesem Augusttag trägt Herbert wie immer Sneakers, Jeans, offenes blaues Oberhemd, Ärmel hochgekrempelt und sein großes Herz. Ein paar Mal schon hat er heute seinen berühmten, glücklichen Satz gesagt: »Mehr geht nicht.« Er ist der einzige Mensch, den ich kenne, der noch »Gitanes« raucht. Aber er ist eh in vieler Hinsicht einzig. Ein Gespräch mit ihm kann in psychologische Tiefen abdriften. Aber auch ungefähr so verlaufen:

»Hätte das ›Sansibar‹ nicht längst mal einen oder mehr Sterne verdient?« – »Hör mir auf! Für einen Stern braucht man Tischdecken, klassische Musik, vornehme Attitüde. Das sind wir nicht. Das wollen wir auch gar nicht sein.« – »Die Gäste rennen dir die Bude ein. Nicht nur in der Hauptsaison. Ist das nicht allmählich unheimlich?« – »Doch. Da kneifst du dich jeden Tag und denkst, du bist im Film.« – »Erinnerst du eigentlich noch die mageren Zeiten, als Helga und du euch nur von Nudeln ernährt habt, weil es für mehr nicht reichte?« – »Da denke ich jeden Tag dran. Meine Existenzangst ist groß.« – »Und – magst du noch Nudeln?« – »Klar. Aber wir essen nicht mehr Birkel, obwohl die auch lecker sind, sondern mögen lieber frische Pasta. So Nudelmaschinen kosten heute ja auch nicht mehr viel.« – »Du hast doch als Weltenbummler angefangen. Warum fährst du nun gar nicht mehr gern weg?« – »Vor zwanzig Jahren war ich mal mit meiner Frau für zwei Wochen auf den Seychellen. Das machen wir nie wieder. Wer mich mag, der lädt mich nicht ein. Und wenn ich doch mal los muss, dann versuch' ich abends wieder nach Hause zu fliegen. Helga hängt ja auch so an der Scholle, sie hat mich auch beeinflusst. Wenn ich mal etwas unternehmen wollte, hat sie nein gesagt und umgekehrt. Wenn du vier Kinder hast und nie Geld hast und dauernd kämpfst, … dann bist du froh, wenn du ein schönes Zuhause hast.« – »Du bist ja immer im ›Sansibar‹, bist du ein Workaholic?« – »Nein. Wobei ich gar nicht weiß, wie es wäre, ohne das Restaurant. Ich muss ja auch nicht weg, um etwas zu erleben. Ich habe ja das große Glück, dass die Welt quasi zu mir kommt. Ohne die guten Gespräche und die guten Leute, die ich hier täglich habe, wäre mir vielleicht langweilig. Obwohl – auch dann würde ich lieber in meinem Garten grillen, anstatt zu verreisen. Ich brauche meine gewohnte Umgebung, meine Ästhetik zu Hause, meine eigenen vier Wände, mein Bett, meine Dusche. Und schließlich lebe ich schon da, wo andere Urlaub machen. Also, warum sollte ich weg?« – »Nach Wein und Salz und Essig gibt es immer mehr ›Sansibar‹-Mode, Schuhe, Hundenäpfe, du machst vor nichts Halt. Wird der Seckler größenwahnsinnig?« – »Ja.«

Eine neue Zigarette. Das typische heisere Lachen.

Rechte Seite: Christian Lorenzen

»Und sonst so?« – »So größenwahnsinnig, wie sie mich schon immer hielten. Wie vor dreißig Jahren, als ich im Winter am Strand eine Imbissbude eröffnet habe. Als ich vor zwanzig Jahren den Weinhandel begann, haben sie mich für noch verrückter erklärt. Und jetzt eben die Klamotten. Ich passe halt nicht ins Schema. Über fünfzig, eins siebzig groß, zwei Zentner schwer und Mode machen, das geht doch gar nicht!«

»Aber dafür bist du ganz schön erfolgreich.« – »Kann man sagen.«

»Folgst du bei der Mode der gleichen Strategie wie beim Essen: Es muss dem Gast schmecken?« – »Richtig. Ich beobachte viel, kann mich hineindenken und hineinfühlen. Ich will gar nichts Neues erfinden, sondern das, was es gibt, will ich besonders gut machen. Was willst du an frischem Nordseesteinbutt schon groß erfinden? Ich nehme den besten Wein und verkaufe ihn. Und ich nehme auch bei den Klamotten die besten Produkte und verkaufe sie. Schöne Schnitte, kuschelige Stoffe, tragbar und bequem. Mein Maßstab ist das Wohlfühlen. Wir bedienen keinen Hype. Das sind wir nicht.«

»Der kommt offenbar von allein. Und wer entwirft die Kollektionen?« – »Im Grunde Helga und ich. Hier kommen so viele Gäste, auch ganz unterschiedliche, da habe ich viel Inspiration, und ich mache mir so meine Gedanken. Zum Beispiel die Sache mit den Polohemden von Ralph Lauren. Ich glaube, dass viele sie tragen, weil sie im Unterbewusstsein abgespeichert haben, dass die Klamotten mit dem kleinen Pferdchen drauf kuschelige, gute Ware sind. Die Kinder übernehmen von den Eltern die damit verbundene Assoziation von Wohlfühlen. Das ist doch wie Riechen und Schmecken. Die Sinne tragen ja mit. Über diese Erfahrung habe ich meine Klamotten entwickelt. Du schlüpfst rein, siehst gut aus und fühlst dich wohl. Und willst dieses Gefühl immer wieder.«

»Schnäppchen sind deine Sachen nicht gerade.« – »Soll ich morgen minderwertiges Fleisch verkaufen, nur damit es billiger ist? Genauso ist es mit den Klamotten. Teures Material, teure Preise. Ich kann ein T-Shirt für drei Euro in Asien produzieren lassen, aber will ich so etwas anbieten? Wie in der Küche und bei den Weinen gilt: nur die beste Qualität.«

»Mit dem Logo der gekreuzten Säbel. Bist du ein heimlicher Pirat, ein Wegelagerer gar?« – »Wer hat als Kind nicht gern Piratenfilme geguckt? Und wenn du an der Küste lebst und jeden Tag aufs

Linke Seite: Antonia »Töni« Münster – Service, »inner circle«. Eigentlich sollte Töni, deren Markenzeichen ihre sensationellen Beine in Shorts sind, das Modehaus der Eltern in Uetersen übernehmen, studierte deswegen Mode und Gestaltung. Jobbte nebenbei im Café der Hochschule. Und stellte fest, wie viel mehr Freude ihr das bereitete als Stoffe. Ging für eine Saison nach Sylt, um im »Sansibar« zu jobben. Das war 1992. Aus der Saison wurde ein Leben. »So einen Chef wie Herbert bekommst du nicht noch einmal. Die Freundschaft mit Helga, die Gäste, die Atmosphäre, der Gemeinsinn im Team. Das ist Lebensfreude pur.«

Meer blickst, dann denkst du eben nicht an Indianer, sondern machst etwas mit Seeräubern. Ich liebe diese alten Errol-Flynn-Filme!«

»Apropos, wann machst du eine Fernsehshow?« – »Nee, nicht mein Medium. Ich hätte auch nichts Spannendes zu erzählen. Denn über meine Kunden rede ich niemals, das fände ich nicht korrekt. Jeder hat doch mal einen komischen Tag, und hier im ›Sansibar‹ lassen sie los, trinken vielleicht überproportional. Aus solchen Anekdoten Kapital zu schlagen, das gehört sich nicht. Und mit dem Ruhm meiner Gäste will ich mich auch nicht schmücken. So wenig Selbstbewusstsein habe ich nicht.«

»Na ja, Erfolg brauchst du dir wirklich nicht zu leihen. Manche unken, es werde jetzt eh zu viel mit dem ›Sansibar‹-Rummel.« – »Nörgler gibt es immer. In einem leeren Restaurant ist auch jeder unzufrieden. Da bin ich lieber voll. Na ja, und von den paar ›Mein-Sansibar‹-Geschäften würden meine Kinder auch nicht satt werden.«

»Wohin man blickt, finden sich Logos von Sponsoren, Mercedes etwa fährt exklusiv deine Gäste vom Parkplatz zum Restaurant. Wie käuflich bist du?« – »Gar nicht. Aber man kann mich vielleicht mal mieten.«

»Gitanes«, heiseres Lachen, blitzende Augen. »Cindy, bring mir noch mal 'ne Cola, bitte.«

Seit fünf Jahren ist Herbert entspannt. Weil er finanziell festen Boden unter den Füßen hat, Land im übertragenen Sinn nicht nur sieht, sondern auch spürt. »Das kann man gar nicht erklären, in welcher Mühle ich bin oder war. Es wurde immer mehr. Dann brauchte ich mal eine neue Kläranlage für eine halbe Million. Ich hatte hier ja gar nichts, Strom legen und dies und das, dann die Mitarbeiterwohnungen, dann Privatwohnung, dann kaufst du ein Haus, dann kaufst du einmal ein Auto oder irgendetwas. Ich war nur unter Druck, glaub es mir. Das kann man gar nicht mehr wiedergeben.«

Mit Peter Boenisch und Gunter Sachs war es also richtig losgegangen. Damals, 1983. Es war wie überall auf der Insel: Wo Sachs war, wollten alle sein.

Rechte Seite: Christine »Simmi« Segner – Service, »inner circle«. 23 Jahre war Simmi, gebürtige Sylterin, Mutter eines Sohnes im Teenageralter, Pächterin und Seele des Keitumer Restaurants »Fisch-Fiete«. Im Oktober 2002 endete die Geschäftsbeziehung zur Besitzerin unfreundlich und seltsam abrupt, Simmi stieg aus. Im Februar 2003 ging ihr Freund Klaus Reitmayr zum Vorstellungsgespräch zu Herbert. Simmi begleitete ihn. Nur so. Herbert, mit seinem untrüglichen Gespür für Menschen und Chancen, fragte: »Du bist raus bei ›Fisch-Fiete‹? Fang bei mir an!« So kam es. Und alle sind glücklich und zufrieden. Das klingt nicht nur nach Dünenmärchen.

FREE
HUGS

Folgende Anekdote ist überliefert: Eines Tages, als das »Sansibar« selbst schon prominent war, sagte der Sachs zum Seckler und ließ die Augen dabei blitzen: »Ich höre, mein Name fällt im Zusammenhang mit dem ›Sansibar‹. Du kannst gern damit Reklame machen, aber wenn du Prominente aufzählst und mich dabei einmal vergisst, dann wehe …« Seither nennt Herbert Sachs zuerst, wenn er überhaupt mal Namen nennt. Die Liste der Bekanntheiten, die im »Sansibar« einkehren, ist mittlerweile so lang, da kann man schon mal jemanden vergessen.

Mitte der Achtziger kam ein neuer Schub. Ein Friseur aus München sorgte für Furore im Land. Gerhard Meir. Der toupierte die Haare der damals noch wilden Fürstin Gloria in ungeahnte Höhe und Breite, und sie und sich in die Schlagzeilen der bunten Blätter und die Herzen der Spaßgesellschaft. Meir läutete die Zeit ein, in der Friseure nicht mehr durch die Hintertür zu den Stars kamen, sondern selbst Starstatus erreichten. Der begabte Haarbändiger war quasi die bayerische Bussi-Bussi-Antwort auf die Hamburger Coiffeurin Marlies Möller und den Berliner Lokalpatrioten Udo Walz. Meir hatte neben all seinen friseurtechnischen und kommunikativen Talenten einen weiteren Trumpf im Kittel, respektive zu Hause. Er war mit Reimer Claussen liiert, der seinerzeit ein bekannter Modemacher war – und einer der wenigen, die mit dem »Goldenen Spinnrad« ausgezeichnet wurden. Die einflussreiche amerikanische Botschaftergattin Gale Burt vertraute modisch vor allem ihm. Dass keine lebenslange Weltkarriere daraus wurde, ist eine andere Geschichte. Claussen mochte sich nicht an die kalten Gesetze des Modebusiness halten, wollte lieber als Einzelkämpfer Frauen schön anziehen und verweigerte sich dem Diktat der Produzenten. Auch war er nicht geschäftstüchtig genug, oder vielleicht ergab sich auch nicht die Chance, eine Duftserie aufzulegen. Denn damit wurden in den Achtzigern die Namen gemacht, siehe Jil Sander, siehe Wolfgang Joop. Heute lebt Claussen in der Nähe von Potsdam, schreibt bisweilen und vor allem bewahrt er Stil. Praktisch und im übertragenen Sinn.

In den Achtzigern jedenfalls waren Meir und Claussen ein Traumpaar. Gerade weil sie sich nicht inhaltsschwer outeten, sondern selbstverständlich gemeinsam auftauchten. In Heide in Schleswig-Holstein geboren, trug Claussen stets ein Stück Sylt im Herzen, und als er zu Meir nach München zog, tat er es nur unter der Bedingung, dass es auch ein Domizil auf der liebsten Ferieninsel gäbe, und er schwärmt bis heute: »Das Freiheitsgefühl erfasst dich schon auf dem Autozug, dieses ›Nach-mir-die-Sintflut‹. Auch wenn sie manchmal noch vor einem liegt … Der Tagesablauf unterwirft sich dem Wetter und auch ohne nennenswerte Kulturgüter ist Sylt nie langweilig.«

Linke Seite: Reinhard »Reini« Nürnberg – Tresenwächter. Reini studierte direkt in die Lehrerschwemme hinein. Als er seinen Magister in Germanistik und Geografie erfolgreich abgeschlossen hatte, lauteten die Perspektiven für den Junglehrer aus Rendsburg: keine Anstellung, keine Verbeamtung. Also fuhr er mit seinem besten Freund erst einmal nach Sylt. Ein Jahr Geld verdienen, war der Plan. 19 Jahre sind es inzwischen, Ende nicht absehbar. »Wer Herbert kennenlernt, der geht nicht wieder.«

Jeden Sommer fuhren sie hin und klar, gingen sie auch ins »Sansibar«. Eines Tages hatten sie die bekannte Idee: »Wir sollten ein tolles Fest machen, am besten gleich eine Tradition begründen.« Es blieb aber nicht bei der Weinlaune, und so fand zum Geburtstag von Gerhard Meir im August 1986 die erste Party statt. Relativ bescheiden noch. 40 Leute, draußen auf der überdachten Terrasse, das Motto: Wüstensand. Die Dekoration war großartig, die Stimmung auch, die Begehrlichkeit wuchs. Von Jahr zu Jahr kamen mehr Gäste, flogen von überall her ein, mit ihren Jets und Hubschraubern, wer bei den beiden nicht eingeladen war, war nicht »in« und bestimmt nicht im Register der »Bunte«. München entdeckte den Charme des Nordens. Ein bisschen »Kir Royal« in den Dünen. Einmal sprang Reimer Claussen mit einem Fallschirm über den staunenden Gästen ab, ein anderes Mal ließ er es gelbe Butterblumen regnen. Die Dekorationen waren stets unglaublich, das Essen köstlich, das Menü auf T-Shirts statt auf Karten gedruckt, die Stimmung wie einst in der »Tenne«. Und das »Sansibar« wurde auch als Partylocation entdeckt.

Zehn Jahre lang währte die Tradition, dann kamen andere Feste, und Meir und Claussen trennten sich. Die Freundschaft zu Herbert blieb. »Er ist eine Lichtgestalt für Sylt«, sagt Reimer Claussen ohne Schmäh, der ist ihm eh fremd. »Ich weiß gar nicht, ob alle Herbert begreifen oder erobern können. Aber wenn man ihn zum Freund hat, dann voll und ganz, durch dick und dünn. Er ist großzügig, treu und liebenswürdig. Und auch wenn man sich lange nicht gesehen hat, dann fühlt man sich bei ihm willkommen. Und es ist, als hätte keine Sorgenzeit dazwischen gelegen. Man wird sofort bemuttert, völlig egal, ob man gerade zwei Millionen gemacht oder in den Sand gesetzt hat. Da kann einer mit dem Hubschrauber auf dem Esstisch landen, wenn Herbert den nicht mag, dann mag er ihn nicht.« Er ist eben nicht nur den anderen, sondern auch sich selbst treu.

Und es wurden andere Feste und noch mehr Gäste. Wie die Mottopartys, die der Entertainmentunternehmer Peter Schwenkow und Herbert während des Musicalhypes in Deutschland gaben: Die großen Kostümpartys zu »Tanz der Vampire« im September 2000, als der »Sansibar«-Himmel voller Knoblauchzehen und Spinnweben hing und Gunter Sachs seine »Dracula-Club«-Clique aus St. Moritz mitbrachte und Köstlichkeiten wie »Transsilvanische Ochsenscheiben« und »Gebackene Blutwurst« von gut gelaunten Vampiren serviert wurden. Oder im Jahr darauf »Mozart«. Herbert Seckler als Zeitgenosse des Komponisten gekleidet, das muss man mal gesehen haben. Aber auch unvergessliche Hochzeiten, die großen und kleinen Geburtstage, sie wurden und werden in den Rantumer Dünen gefeiert.

Rechte Seite: Laura Balte – Herberts Assistentin. Während ihres BWL-Studiums jobbte sie als Kindermädchen bei Air-Berlin-Chef Joachim Hunold und seiner Frau Michaela. So lernte sie das »Sansibar« kennen. Als Herbert eine wirklich gute Assistentin suchte, »überließen« ihm Hunolds schweren Herzens die patente Laura. Seit 2007 sind das »Sansibar« und Herbert nun »meine Familie und mein Leben auf Sylt«.

»DES ISCH WELTKLASSE«

Und dann gab es die legendäre »MS-Europa«-Sause, die »Jahrhundertparty« 2003. Damals begann Herbert eine Kooperation mit dem prächtigen Kreuzfahrtschiff der Hapag Lloyd. Dazu gehört, dass es inzwischen am Heck des Schiffes eine »Sansibar« gibt, also tatsächlich eine Bar, kein Restaurant. Und vor allem eben das berühmte Sommerfest. An einem Abend Ende Juli ankert die »MS Europa« auf ihrer Tour durch Nord- und Ostsee vor Sylt, die Passagiere können einen »Sansibar«-Abend erleben, und umgekehrt laden Hapag Lloyd und »Sansibar« illustre Gäste zu einem Fest auf das große Schiff. Mittlerweile ankert die »MS Europa« vor List im Norden, und die Gäste werden mit dem soliden Beiboot vom und zum Hafen transportiert.

Anfangs war es jedoch abenteuerlicher. Anfang August 2003 hatten der Vorstandsvorsitzende der Hapag Lloyd, Michael Behrendt, und seine Frau Cornelia zur ersten Party »MS Europa meets Sansibar« geladen. Da lag der Kreuzfahrer direkt im Blick des »Sansibar« vor Anker, der »Austausch« sollte mit Schlauchbooten direkt vom Strand aus stattfinden. Am späten Nachmittag war ein Schwarm von VW-Beetle-Cabrios über die Insel gesaust, um die Gäste einzusammeln und nach Rantum zu bringen. Dort sorgten Sonne, laue Luft, Prosecco und eine mobile Blaskapelle für jene Stimmung, die man aus der Bacardi-Werbung kennt. Das Wetter gab den großen Sylter Sommer, das Wasser glitzerte, rotbraun gebrannte Gäste standen fröhlich mit aufgekrempelten Hosenbeinen am Strand, und das Meer schwappte vor sich hin. Allerdings kappeliger, als die Landratten dachten. Das Wasser klatschte derart über den eigens angelegten Steg, dass das Besteigen der Motorschlauchboote im wahrsten Sinne des Wortes ins Wasser fallen musste. Zwar kamen sie vom weit draußen ankernden Luxuskreuzer angefahren wie zur Invasion der Normandie, doch sie brachten nur die Kreuzfahrtgäste mit, mit Passagieren zurück zum Schiff zu fahren, war plötzlich zu riskant.

Und schließlich entschied Michael Behrendt, das Fest an Land zu verlegen. Eine großartige Entscheidung! Doch eine irrsinnige Herausforderung für das »Sansibar«. Statt geplanter 200 Gäste plus ein Kindertisch waren es am Ende mehr als 600 Menschen. Doch statt Chaos herrschten gute Laune, Fröhlichkeit, Seligkeit. Das war die Nagelprobe für das »Sansibar«. Aber das gute Wetter verbündete sich mit der Improvisationsgabe des »Sansibar«-Teams, es wurde eine herrliche, lange Nacht, die Gäste saßen überall, an den Tischen im Sand, auf den Stufen, auf dem Steg, am Strand, wo um Mitternacht sogar ein großes Lagerfeuer entzündet wurde. Die Stammgäste sprangen bei Engpässen ein, Johannes B. Kerner erwies sich als höchst geschickter Kellner, die

Linke Seite: Torsten Ibers – Koch. Eigentlich hätte ihn der berufliche Weg nach dem Studium (Chemie und Geologie) in die USA geführt. Doch viel lieber wollte der gebürtige Sauerländer in die Gastronomie gehen und wählte also den Weg dorthin »von hinten durch die Küche«. Dachte zunächst an Hamburg, bis ein Freund sagte: »Mensch, komm doch nach Sylt! Ins ›Sansibar‹.« Seit dreizehn Jahren gehört Torsten zur Stammmannschaft, seit sieben Jahren ist er mit Barbara Seckler verheiratet. »Es macht einfach viel Spaß!« Beides – die Ehe und das »Sansibar«.

Vorräte aus der ja gar nicht so riesigen Küche und dem Weinkeller schienen unerschöpflich. Woher die Mannschaft pausenlos warmes Essen und eiskalte Getränke zauberte, blieb ein Rätsel. Schließlich war dies der Abend eines eh schon sehr gut besuchten langen Sommertages gewesen. Jörg Volquardsen, der geniale »Haus«-Discjockey, der seit Jahren auch den letzten Tanzmuffel in Wallung bringt, legte genau die richtige Musik auf, der Sonnenuntergang war einer der schönsten der Saison. Als dann zu späterer Stunde noch Gloria Gaynor – eigentlich als Stargast für das Schiff gebucht – auf der Düne stand und »It's Raining Men« schmetterte, da tanzte und tobte reine Glückseligkeit. Wahrscheinlich hat man bis List die gute Laune gehört. »Fast«, sagte Michael Hamann, damals noch Partner im Weinhandel und rechte Hand von Herbert Seckler, lachend in den frühen Morgenstunden, »fast hätten sie uns tatsächlich leer getrunken.« Aber eben nur fast. Und am nächsten Vormittag gab es schon wieder »Currywurst spezial«.

Teile der Terrasse wurden im Laufe der Jahre »Ganzjahreswetterräume«, zu einem großen privaten Geburtstagsfest bekam das Provisorium eine Tür und eine ordentliche Decke, die auch nicht mit den Partyresten weggeräumt wurde. Mitte der Neunziger wuchs der Gastraum gen Norden, wurde um das »Stübchen« ergänzt, zwei Wände Panoramafenster zu Dünengras, Heidewogen und Sonnenuntergang, die typischen Holzbänke und Stühle, eine Wand voller »Likörelle« von Udo Lindenberg, jenen Aquarellen, für die der Sänger – augenzwinkernd – statt Wasser eben Likör verwendet.

Die Netzers haben in der Ecke links ihren Stammplatz, auch Wolfgang Joop und Udo Lindenberg und die Sachs und die Jauchs und die Kerners und die Ottos und die Jahrs und die Jacobis und die anderen guten Kunden und Freunde sitzen immer dort. Es sind die besten, weil diskretesten Plätze. Wenn alle Steinbutt essen wollen, wird es eng, weil die Bleche, auf denen der frische, ganze Fisch im Sud an den Tisch kommt, größer sind als ein Porschekofferraum. Was die ungeübten »Sansibar«-Besucher zunächst in ungläubiges Staunen versetzt (das beim Probieren dann ungläubigem Entzücken weicht).

Fotografen lässt Herbert nur mit Ausnahmegenehmigung hinein. Im »Sansibar« ist Entspannung angesagt. Auch Liz Hurley war schon da, Roman Polanski und Bohlen und Becker und der damalige Bundespräsident Horst Köhler. Und überhaupt. Immer wenn man denkt, »Mensch, der/die sieht doch aus wie …«, dann kann man sicher sein, dass es stimmt. Nur meist ungeschminkt

Rechte Seite: Jan Scharfe – Weinhandel. Aufgewachsen nahe der dänischen Grenze, machte Jan schon als kleiner Junge Urlaub mit den Eltern auf Sylt, lernte später Gastronomie im Hotel Dorinth und Silke Seckler an der Berufsschule in Westerland (wo er heute selbst Prüfer ist) kennen. Dann zog es ihn doch gen Süden, in Köln studierte er Medien und BWL, hielt immer Kontakt zu Silke. Als er »erst mal irgendwo arbeiten« wollte, sagte sie: »Komm doch zu uns.« Sieben Jahre ist das her. Inzwischen hat Jan die Nachfolge von Michael Hamann angetreten, kümmert sich um den Weinhandel. Und fühlt sich einfach »zu Hause auf der Insel«.

»DES ISCH WELTKLASSE«

LUFTPOST
LUFTPOST

halt. Im »Sansibar« ist auch der Prominente Mensch, hier kann er es sein. Und auch Til Schweiger konnte hier im Sommer 2009 in Ruhe mit seiner neuen Liebe kuscheln, ohne dass darüber Notizen gemacht wurden. Oder mit seinen Kindern und Freunden ungestört essen, trinken, reden und albern an dem besonderen Tisch hinterm Shop-Container auf halber Strecke zum Strand, von wo der Blick bis England schweift.

Einmal hat ein Insulaner, der nicht weit entfernt wohnt, den Punkt seinem Haus genau gegenüber auf der anderen Seite der Nordsee berechnet und ist hingefahren. Es war interessant. Nun träumt er lieber wieder.

Was im Stübchen schon an Deals gemacht wurde! Bundesligavereine und Unternehmen neu aufgestellt. Von persönlichen Dramen gar nicht zu sprechen. Herbert immer dabei. Weil er ein Zuhörer und Katalysator ist. Und ein lebenskluger Ratgeber. Doch er trägt nichts weiter, spricht nicht von Prominenten, und auch nicht über sie. Aber sehr viel mit ihnen. So wie mit allen anderen auch. »Wenn ich nur ein Prozent von all den Geschäften, die hier eingefädelt wurden, bekommen hätte – Mann, wär ich reich!« Dabei lacht Herbert, der Mann ohne Neid.

Überhaupt ist das »Sansibar« eine Börse. Und zumindest sein Kurs steigt stetig. »Es ging immer bergauf, weil ich so ein feines Kerlchen bin ... ehrlich, ich weiß es nicht. Ich hatte das große Glück, dass ich mit dem Laden und den Gästen wachsen konnte.« Andere heben trotzdem ab. Herbert nicht. Auch deswegen, weil er es immer jedem recht machen wollte. Und weil er immer genau hingeschaut hat. Die meisten Leute kommen ja ins »Sansibar«, um einmal eine Auszeit zu nehmen von ihrem wahren Leben. »Das war mir immer bewusst und auch immer meine Verpflichtung. Ich hab' mitgekriegt, wie viel die arbeiten in ihrem normalen Leben. Da gab es einmal einen Hamburger Elektriker, der hat hier immer die dicke Hose gemacht. Da war dann mal was mit einer Party für ihn. Da hat der mich immer nachts angerufen, elf, halb zwölf. Da sage ich: »Ja, Mensch, wo bist du denn?« – »Ich bin in meinem Büro.« – Da sag ich: »Willst du mich auf den Arm nehmen, du bist doch tagsüber im Büro.« Da sagt der: »Herbert, ich muss nachts mein Büro machen. Meinst du, ich kann umsonst immer so Gas geben?«

Der Elektriker ist nicht die Ausnahme. Warum tut man sich das an? Herbert, der Beobachter, hat auch dafür eine Erklärung: »Um sich mal abzureagieren, zu entspannen. Die arbeiten ja nicht

Linke Seite: Jutta Tenhaeff – Buchhalterin. Seit 39 Jahren lebt Jutta auf Sylt, seit 1998 führt sie die »Sansibar«-Bücher. Inzwischen mit einem Team, »allein ist es inzwischen nicht mehr zu schaffen«. Wie sie zum »Sansibar« kam? »Als alter Stammgast kannte ich es sowieso.«

dafür, dass sie hier dicke Hose machen können, sondern nutzen das als Ventil. Ich habe Verständnis für die Leute. Und wenn die so schuften und mal einen Abend Party machen oder lustig sein wollen, musst du denen das Beste bieten, damit die wieder arbeiten können. Das habe ich so als Verantwortung übernommen.«

Und was ist mit den Halbseidenen? »Ach Quatsch, die gibt es kaum. Spinner hast du immer, aber die sind harmlos. Das prägt ja nicht im Leben. Die sieht man überhaupt nicht, wenn man genau hinguckt.«

Fördert das jodhaltige Inselklima Dramen? Der Alkohol? Gerade im Sommer herrscht ja schon immer mal emotionaler Ausnahmezustand? »Na ja, manche merken halt, dass sie sich gar nicht kennen. Es gibt ja nicht wenig Paare, die leben offiziell zusammen, aber sich dabei auseinander, und dann sind sie im Urlaub plötzlich geballt zusammen. In den zwei Wochen wollen sie dann das ganze Jahr nachholen und die Kinder erziehen oder sonstwas. Das kann gar nicht gut gehen. Und die Insel hat eben etwas Mystisches, wo man ein bisschen die Seele von innen nach außen kippt. Dann wird man sich vielleicht der Probleme bewusst, die man hat. Und versucht sie zu bewältigen. So oder so.«

Sylt ist Deutschland *minimundus*, ein Platz für alle vom Kinderheim »Puan Klent« über die teuersten Immobilien Deutschlands in Kampen bis zum Mutter-Kind-Erholungsheim in den Dünen von Westerheide, vom »Budersand«, dem Golf- und Sternehotel, über Hapimaganlagen bis zum »Grand Spa Resort A-Rosa« in List. Vom Gourmetkoch Jörg Müller bis zur Disney-Welt von Gosch. Vom feinen »Söl'ring Hof« in Rantum bis zum Campingplatz in Kampen. Vom »Wienerwald« bis »Gogärtchen«. Vom Gedränge in der Friedrichstraße bis zur Einsamkeit des Ellenbogens. Nur hier stehen hochbezahlte Manager morgens geduldig in der Schlange bei Bäcker Speck, ohne sich bei ihrer Sekretärin zu beschweren. Es ist der Ort für Freiheit und Zwanglosigkeit, der Gegenpol zur Großstadt. Ist einmalig in seiner Vielfalt zwischen Zeltplatzidylle und Champagnergelage, zwischen Westerländer Bausünden und Keitumer Kapitänshäusern, zwischen tobendem Meer und wogender Heide, zwischen ätzendem Wind und Sonne satt. Man darf sehr teure Autos fahren oder uralte Vespas. Im Gegensatz zu Mallorca ist schlechtes Wetter im Norden gemütlich und schönes Wetter nirgends schöner als dort. »Rüm Hart – klar Kimming«, reines Herz und weiter Horizont. Selten stimmt ein Fahnenspruch mehr. Man muss nur spüren.

Rechte Seite: Maik Drewitz – Service. In seiner Heimat, in Kappeln an der Schlei, war nichts mehr los. Also bewarb er sich auf eine Internetanzeige, die Herbert geschaltet hatte. Wählte dabei keine konventionellen Formulierungen, sondern schrieb am Ende nur: »Wie ich Euch kenne, legt Ihr auf 08/15-Bewerbungen keinen Wert.« Herbert antwortete: »Wer solche Bewerbungen schreibt, ist verrückt genug, hier zu arbeiten.« Maik kam zum Vorstellungsgespräch, nach zwei Minuten war er eingestellt. »Natürlich komme ich hier nicht wieder weg.«

Wein aus deutschen Landen

Die prickelnde Luft, die unendliche Weite des Himmels, die betörenden Farbspiele, die Wolkeninszenierungen, das spezielle Licht, das kitschige Rot der Sonnenuntergänge. Bei einem perfekten – wolkenlosen – Sonnenuntergang (und nur dann) lässt Herbert Rudi Schurickes Klassiker »Wenn vor Capri die rote Sonne im Meer versinkt...« in voller Lautstärke durchs »Sansibar« dröhnen – und alle Gäste, auch die coolen, singen und swingen mit. Oder gehen schnell raus auf den Dünenkamm, allein, zu zweit, *en famille,* und gucken und träumen und sind beseelt.

Auf Sylt dominiert die Natur, nicht Schickimicki, wie so oft so falsch kolportiert wird. Doch beides harmoniert. Das macht den Reiz. Dieses Lebensgefühl hat Herbert umgesetzt und komprimiert in eine Holzhütte in den Dünen. »Sylt ist ein Plural, jeder kann hier suchen, was er mag. Er wird es finden«, hat der Schriftsteller Fritz J. Raddatz formuliert. Das gilt auch fürs »Sansibar«.Oder wie Herbert sagen würde: »Mehr geht nicht!«

Neulich hat er Käsespätzle serviert. Eine Woche zuvor war er mit der Familie am Bodensee gewesen, hatte überrascht sensationelle Spätzle an einem Kiosk gegessen! »Eine Konsischtenz!« Der Besitzer hat ihm schließlich seinen Trick verraten, der eigentlich eher ein Zufall war als ein Trick. Der geht so: Er verarbeitet nicht gleich die frisch gedrehten Spätzle, sondern friert einen Vorrat ein. Durchs Einfrieren werden sie dann bei der Zubereitung so bissfest. Wieder im »Sansibar« hat Herbert es sofort ausprobiert, das Ergebnis: Sucht in Auflaufform. »Des isch Weltklasse!« Auch so ein Herbert-Klassiker-Satz. Es muss nicht immer Kaviar sein.

Doch immer »Sansibar«.

Rechte Seite: Lara Ibers – das Enkelkind. Mit dem Wonneproppen-Gen der Secklers.

SIBA
LT

Dietmar Priewe ist der Küchenchef: Der Vater ist Fischer, und so war Dietmar seit Kindertagen von Fischen und auch von allem, was wirklich frisch auf den Tisch kam, fasziniert. Nie wollte er etwas anderes werden als Koch. Arbeitete unter anderem mit dem Starkoch Johannes King (der inzwischen den »Söl'ring Hof« in Rantum führt) sechs Jahre im Restaurant »Grand Slam« beim feinen Berliner Tennisclub »Rot-Weiß«. King war es auch, der ihn vor acht Jahren aufmerksam machte: »Herbert sucht einen neuen Küchenchef.« Und so fanden sich das »Sansibar« und Dietmar. Was es ihm bedeutet? »Freiheit! Es gibt nicht diese Zwänge wie in anderen Restaurants. Hier darf man mit Lust und Liebe kochen, wie man will, es muss nur lecker sein. Und trotz des Stresses lebt man noch. Den Spaß, den die Gäste vorn haben, haben wir auch in der Küche.«

Folgende Doppelseite (links): Axel Henkel – Küchenchef-»Papa«: Seinen ersten Job auf Sylt bot 1970 die Marine-Versorgungsschule. Doch schnell zog es Axel, der eigentlich in Herne/Westfalen aufgewachsen war, nach Hamburg. Als sein Restaurant »Zeik« (rückwärts gelesen »Kiez«) in einem der »Grindelhochhäuser« nicht mehr perfekt lief, rief Herbert, der Kümmerer, an: »Komm mal hoch!« 2004 war das. Ein paar Tage nur wollte Axel bleiben, dann stürzte Dietmar Priewe, der Chefkoch, vom Motorrad, fiel drei Wochen aus, Axel sprang ein, Herbert sagte: »Bleib doch.« Und Axel verliebte sich ins »Sansibar« und die Insel, Archsum besonders. Längst ist ohnehin Platz für zwei gute Köche. Und Axel froh, dass er die gesamte Logistik Dietmar überlassen kann.

DIE ORIGINAL »SANSIBAR«-REZEPTE

VORSPEISEN

350 g Putenbrust
Salz
frisch gemahlener Pfeffer
100 ml neutrales Pflanzenöl
½ Mango
150 g Wassermelonenfleisch
16 Weintrauben
200 ml dunkle Grundsauce (siehe Grundrezept Seite 291)
50 ml Sansibars Balsamico
3 EL Preiselbeerkompott (aus dem Glas)
100 ml Sansibars Hausdressing (siehe Grundrezept Seite 295)
200 g Salatmix (zarte junge Salatblätter), gewaschen und trocken geschleudert
16 frische Himbeeren oder andere Beeren

Die Putenbrust in Streifen schneiden und mit Salz und Pfeffer würzen.

50 ml Pflanzenöl in einer Pfanne erhitzen und die Putenstreifen darin braten, bis sie ganz durchgegart sind.

Die Mango schälen. Das Wassermelonenfleisch entkernen. Die Mango und die Melone in Würfel von 1 cm Kantenlänge schneiden. Die Trauben halbieren.

Die dunkle Grundsauce mit dem Aceto balsamico und den Preiselbeeren in einen kleinen Topf geben und aufkochen.

Das Sansibar-Hausdressing mit dem restlichen Pflanzenöl vermengen und über den Salatmix geben. Die Mango- und Melonenwürfel sowie die Trauben und die Himbeeren hinzufügen und vorsichtig in der Marinade wenden.

Den Salat und das Obst auf 4 Teller verteilen. Die heißen Putenstreifen darauflegen und mit der heißen Preiselbeersauce beträufeln.

Dazu passt Walnussbrot.

SALAT MIT GEBRATENEN PUTENSTREIFEN, OBST UND PREISELBEEREN

Für die Aioli

100 g Mayonnaise
100 g Crème fraîche
30 g Knoblauch, geschält und in Scheiben geschnitten
15 g Olivenöl extra vergine
1 Msp. Salz

Alle Zutaten in der Küchenmaschine oder mit dem Stabmixer zu einer cremigen Aioli pürieren.

Für den Weißkohlsalat

¼ Kopf Weißkohl
½ TL Salz
½ TL Zucker
35 g Apfelessig
25 g Pflanzenöl
5 g glatte Petersilie

Den Weißkohl in feine Streifen schneiden oder hobeln und in eine Schüssel geben. Das Salz und den Zucker darübergeben und alles mit den Händen gründlich verkneten. Den Weißkohl mit dem Apfelessig und dem Pflanzenöl gut vermengen. Die Petersilie hacken und unter den Weißkohlsalat heben.

Für den Karottensalat

2 Karotten
¼ Zitrone
½ Orange
20 ml Pflanzenöl
Zucker

Die Karotten schälen, fein raspeln und in eine Schüssel geben. Die Zitrone und die Orange auspressen und den Saft mit dem Pflanzenöl über die Karottenraspel geben. Den Salat gut vermengen und wenn nötig mit etwas Zucker und Zitronensaft abschmecken.

SALATKOMPOSITION MIT DREIERLEI FISCH UND AIOLI

Für den Lauchsalat

1 kleine Stange Lauch (nur das Weiße)
150 g frische Ananas
1 EL Mayonnaise
50 g Rosinen

Den Lauch in 0,5 cm breite Ringe schneiden und waschen. Die Ananas schälen, vom Strunk befreien und in Würfel von ca. 1 cm Kantenlänge schneiden. Die Lauchringe mit den Ananaswürfeln, der Mayonnaise und den Rosinen in eine Schüssel geben und gut vermengen.

Für den Fisch

3 verschiedene frische Fischfilets (je 240 g Zander mit Haut, Lachs, Seeteufel)
Salz
frisch gemahlener Pfeffer
etwas Weizenmehl zum Wenden
25 ml Pflanzenöl

Jedes Fischfilet in 4 Teile schneiden. Die Fischfilets mit Salz und Pfeffer bestreuen und leicht mehlieren. Das Pflanzenöl in einer Pfanne erhitzen und die Fischfilets von beiden Seiten darin anbraten (die Hautseite zuerst).

Anrichten

150 g gemischte junge Salatblätter
50 ml Pflanzenöl
100 ml Sansibars Hausdressing (siehe Grundrezept Seite 295)
1 Kartoffel, in feine Streifen geschnitten, gesalzen und in der Friteuse goldgelb ausgebacken

Die drei Salate in der Mitte von 4 Tellern anrichten. Das Pflanzenöl mit dem Hausdressing verrühren und locker mit den jungen Salatblättern vermengen. In die Mitte der Teller ein Salatbouquet setzen. Vor jeden Salatklecks 1 Stück Fisch legen, so dass jede Portion dreierlei Fisch erhält. Die frittierten Kartoffelstreifen jeweils auf den Lachs geben. Die Aioli in Schälchen dazu reichen.

Linke Seite: Rafet »Hadschi« Caliskan

SALATKOMPOSITION MIT DREIERLEI FISCH UND AIOLI

Für die Raviolifüllung

200 g frische Steinchampignons
2 EL Olivenöl extra vergine
1 Zweig Rosmarin
Salz
frisch gemahlener Pfeffer
100 g Parmigiano Reggiano, gehobelt
20 g Trüffelpaste
10 g Trüffelöl
50 g Semmelbrösel

Die Steinchampignons putzen und vierteln. Das Olivenöl in einer Pfanne erhitzen und die Pilze mit dem Rosmarinzweig darin anbraten, dann mit Salz und Pfeffer abschmecken und abkühlen lassen. Anschließend den Rosmarinzweig entfernen.

Die Hälfte der gebratenen Pilze mit dem gehobelten Parmigiano Reggiano, der Trüffelpaste, dem Trüffelöl und den Semmelbröseln in der Küchenmaschine zu einer glatten Paste verarbeiten. Diese Pilzfüllung mit Salz und Pfeffer abschmecken. Die restlichen gebratenen Pilze beiseitestellen.

Für den Ravioliteig

430 g Weizenmehl (Type 405)
½ TL Salz
4 Eier
3–4 EL Olivenöl extra vergine
verquirltes Eiweiß zum Bestreichen

Das Mehl in eine Schüssel sieben und das Salz hinzufügen. Die Eier verquirlen und mit dem Öl zu dem Mehl geben. Alles gründlich zu einem glatten Teig verarbeiten.

Den Teig auf einer bemehlten Arbeitsplatte etwa 5 Minuten lang gründlich durchkneten. Den Teig dann zu einer Kugel formen, in ein Küchentuch einschlagen und etwa 30 Minuten ruhen lassen.

TRÜFFELRAVIOLI MIT STEINCHAMPIGNONS, SPINAT UND PARMESAN

SANSIBAR

OLIVER ZETER
KAAPZICHT
Landgoed Wyn
FX
WACHAU · ÖSTERREICH
ELLERSTADT/PFALZ

Den Nudelteig dann portionsweise in der Nudelmaschine zu sehr dünnen Bahnen von 10 cm Breite ausrollen. Die Teigbahnen längs halbieren, so dass Bahnen von 5 cm Breite entstehen. Die Teigbahnen mit etwas verquirltem Eiweiß bepinseln.

Im Abstand von je 3 cm je 1 TL der Pilzfüllung in die Mitte der Nudelbahnen setzen. Die Nudelbahnen dann der Länge nach umklappen und gut festdrücken. Dabei darauf achten, dass keine Luftbläschen eingeschlossen werden. Mit einem gezackten Teigrad rund um die Füllungskleckse kleine Ravioli ausschneiden. Die offenen Seiten mit den Fingern andrücken.

Die Ravioli in reichlich kochendes Salzwasser geben und kurz aufkochen. Die Ravioli, sobald sie an der Oberfläche schwimmen, aus dem Wasser nehmen, kurz abtropfen lassen und warm stellen.

Für die Sauce

200 ml weiße Grundsauce (siehe Grundrezept Seite 290)
100 g frischer Babyspinat, geputzt und trocken geschleudert
50 g Parmigiano Reggiano, gehobelt
Salz
frisch gemahlener Pfeffer

Die weiße Grundsauce aufkochen. Die Ravioli, den rohen Spinat und die restlichen gebratenen Pilze in der heißen Sauce schwenken. Alles mit Pfeffer und Salz abschmecken. Die Ravioli auf 4 Teller verteilen, mit Parmigiano Reggiano bestreuen und sofort servieren.

Linke Seite: Benjamin Först

TRÜFFELRAVIOLI MIT STEINCHAMPIGNONS, SPINAT UND PARMESAN

Für das Tatar

400 g Rinderhüftsteak
1 TL Kapern Nonpareilles, gehackt
½ rote Zwiebel, fein gewürfelt
1 TL Schnittlauchröllchen
4 EL Olivenöl extra vergine
1 Msp. Sambal Oelek (scharfe indonesische Würzsauce, erhältlich im Asialaden)
Salz
grob gemahlener Pfeffer

Das Rinderhüftsteak in feine Würfel schneiden oder durch den Fleischwolf drehen. Das Rindfleisch mit den Kapern, der Zwiebel, den Schnittlauchröllchen, dem Olivenöl und dem Sambal Oelek in eine Schüssel geben und mit der Fleischgabel locker vermengen. Mit Salz und Pfeffer abschmecken.

Für die Trüffelcreme

200 g Crème fraîche
etwas Trüffelöl
etwas frisch geriebene schwarze Trüffel
Salz

Die Crème fraîche mit etwas Trüffelöl und frisch geriebener Trüffel glatt rühren. Die Trüffelcreme mit Salz abschmecken.

Anrichten

etwas frische schwarze Trüffel
einige junge, zarte Salatblätter
100 g Gänsestopfleber, kurz angefroren und in feine Späne gehobelt

Das Rindertatar mit Hilfe eines Stellrings jeweils in der Mitte von 4 Tellern anrichten, einen Klecks Trüffelcreme daraufgeben und alles mit einigen Gänsestopfleberspänen belegen. Etwas frische Trüffel darüberhobeln und mit jungen Salatblättern ausgarnieren.

TATAR VOM US-BEEF MIT TRÜFFELCREME UND GEHOBELTER GÄNSESTOPFLEBER

Für die Sauce

100 g Mayonnaise
50 g Crème fraîche
4 EL Sahne, leicht geschlagen
Salz
frisch gemahlener Pfeffer

Die Mayonnaise mit der Crème fraîche und der Sahne glatt rühren und mit Salz und Pfeffer abschmecken.

Für das Carpaccio

250 g Rinderfilet (Mittelstück) vom Gallowayrind
2 EL Olivenöl extra vergine
etwas grobes Fleur de Sel
grob gemahlener Pfeffer
etwas alter Aceto balsamico
einige Rucolaspitzen
einige Parmesanspäne

Das Rinderfilet in hauchdünne Scheiben schneiden. 4 leicht gekühlte Teller mit etwas Sauce bestreichen und das Rinderfilet darauf verteilen.

Das Carpaccio mit dem Olivenöl bepinseln und mit etwas Fleur de Sel und grobem Pfeffer bestreuen, dann mit einigen Tropfen Aceto balsamico beträufeln.

Die restliche Sauce gitterartig auf das Carpaccio spritzen oder rund um das Carpaccio geben und mit Rucolaspitzen und Parmesanspänen vollenden.

CARPACCIO CIPRIANI VOM SYLTER GALLOWAYRIND

½ Stange weißer Rettich
65 ml Olivenöl extra vergine
1 Zitrone
½ TL Puderzucker
Salz
frisch gemahlener Pfeffer
10 Minzeblätter, fein geschnitten
50 g fein gehobelter Parmesan

Den Rettich schälen und in dünne Scheiben schneiden.

Aus dem Olivenöl, dem Saft der Zitrone und dem Puderzucker eine Marinade rühren. Die Marinade mit Salz und Pfeffer abschmecken. 4 Teller mit der Marinade bepinseln.

Die Rettichscheiben auf den 4 bepinselten Tellern verteilen und großzügig mit der Marinade bepinseln.

Die gehackte Minze und den Parmesan auf das Rettichcarpaccio streuen und servieren.

CARPACCIO VOM WEISSEN RETTICH MIT MINZE UND PARMESAN

Für die Basilikum-Tomaten-Sauce

etwas Olivenöl extra vergine
4 Knoblauchzehen, geschält und in Scheiben geschnitten
1 Gemüsezwiebel, geschält und in feine Würfel geschnitten
12 vollreife San-Marzano-Tomaten, grob geschnitten
300 g Tomatenmark
Salz
grob gemahlener Pfeffer
1 Bund Basilikum, fein geschnitten

Das Olivenöl in einer Pfanne erhitzen. Die Knoblauchscheiben und die Zwiebelwürfel darin anbraten. Die Tomaten hinzufügen und das Tomatenmark hineinrühren. Die Sauce sämig einkochen, mit Salz und Pfeffer abschmecken, dann das Basilikum hinzufügen.

Für die Ofentomaten

etwas Olivenöl extra vergine
16 Cherrytomaten
1 Zweig Rosmarin
1 Zweig Basilikum
1 TL flüssiger Honig
Salz
frisch gemahlener Pfeffer

Das Olivenöl in einer ofenfesten Pfanne leicht erhitzen. Die Cherrytomaten, den Rosmarinzweig und den Basilikumzweig darin schwenken, dann mit dem Honig, Salz und Pfeffer würzen. Die Cherrytomaten im auf 140 °C vorgeheizten Backofen (Ober-/Unterhitze) 10 bis 15 Minuten garen.

KNOBLAUCHSPAGHETTI MIT ROBIOLA UND BASILIKUMTOMATEN

Für die Knoblauchspaghetti

350 g Spaghetti
200 ml Olivenöl extra vergine
2 Knoblauchzehen, geschält und in feine Scheiben geschnitten
1 Zwiebel, in feine Würfel geschnitten
1–2 rote Chilischoten, entkernt und in feine Ringe geschnitten
1 Bund Blattpetersilie, gehackt
1 EL frisch geriebener Parmesan
Salz
frisch gemahlener Pfeffer

Die Spaghetti in reichlich kochendem Salzwasser al dente kochen.

Das Olivenöl in einer Pfanne erhitzen. Die Knoblauchscheiben und die Zwiebelwürfel darin anbraten, dann die Chiliringe und die gehackte Petersilie untermengen.

Die garen Spaghetti abschütten, gut abtropfen lassen und in die Pfanne geben. Die Spaghetti mit dem Parmesan bestreuen und gut durchschwenken, dann mit Salz und Pfeffer abschmecken.

Anrichten

300 g Robiola (italienischer Frischkäse)
einige Blätter frisches Basilikum

Die Spaghetti auf 4 Teller verteilen, erst die Basilikum-Tomaten-Sauce und dann den Robiola darübergeben. Mit den Ofentomaten und einigen Basilikumblättchen dekorieren und servieren.

Linke Seite: Arne Dunker

KNOBLAUCHSPAGHETTI MIT ROBIOLA UND BASILIKUMTOMATEN

300 g Flaschentomaten (am besten San Marzano)
1 EL Olivenöl extra vergine
2 Zwiebeln
4 kleine Stangen Lauch
2 Karotten
100 g Butter
300 g frisches Lachsfilet
Meersalz
500 g Rigatoni
300 g Robiola (italienischer Frischkäse)
1 EL Sambal Oelek (indonesische Würzsauce, erhältlich im Asialaden)
100 g frisch gehobelter Parmesan

Die Tomaten vom Stielansatz befreien, kreuzweise einschneiden, in kochendem Salzwasser blanchieren, kalt abschrecken und häuten. Die Tomaten vierteln und klein schneiden. Das Olivenöl in einem Topf erhitzen, die Tomatenwürfel hineingeben, salzen und etwas einkochen, dann vom Herd nehmen und beiseitestellen.

Die Zwiebeln schälen und in feine Würfel schneiden.

Den Lauch waschen und in Ringe von 0,5 cm Breite schneiden.

Die Karotten schälen und in feine Streifen schneiden.

Die Butter in einem Topf zerlassen. Die Zwiebeln, den Lauch und die Karotten darin farblos anschwitzen.

Das Lachsfilet in Würfel von 2 cm Kantenlänge schneiden. Das Gemüse aus dem Topf nehmen, die Lachswürfel hineingeben, von allen Seiten kurz anbraten. Dann das Gemüse wieder in den Topf geben und kurz weiterbraten. Den Topf vom Herd nehmen.

Die Rigatoni in kochendem Salzwasser al dente kochen, dann abschütten.

Das Tomatenragout nochmals erhitzen, dann den Robiola und das Sambal Oelek hineinrühren.

RIGATONI MIT LACHS IN KÄSE-CREME

Anrichten

Salz
frisch gemahlener Pfeffer
einige frische Kräuterzweige (z. B. Kerbel)
etwas frisch gehobelter Parmesan

Das Tomatenragout zu dem Gemüse und dem Fisch in den Topf geben, durchschwenken und mit Salz und Pfeffer abschmecken.

Die Rigatoni vorsichtig mit der Lachssauce vermengen, dann auf vorgewärmten Tellern anrichten und mit frischen Kräutern und frisch gehobelten Parmesanspänen bestreuen.

Linke Seite: Thomas Zulauf

1,5 kg gepökeltes Eisbein
250 g gepökelter Schweinenacken
½ TL Salz
1 ½ EL gekörnte Brühe
2 rote Zwiebeln, geschält und geviertelt
1 ½ Lorbeerblätter
½ EL Senfkörner
½ TL schwarze Pfefferkörner
3 Pimentkörner
125 ml Weißweinessig
etwas Zucker
10 Blatt weiße Gelatine
2 große Gewürzgurken (aus dem Glas)
50 g blanchierte Erbsen
4 EL Schnittlauchröllchen

Das Eisbein und den Schweinenacken mit 2 l Wasser, dem Salz und der gekörnten Brühe in einen großen Topf geben und zum Kochen bringen, dann im offenen Topf 2 Stunden leicht köcheln lassen.

Das Fleisch nach der Garzeit aus dem Sud nehmen, vom Knochen lösen und abkühlen lassen, dann in kleine Würfel schneiden.

Die Hälfte des Suds abnehmen und mit dem abgelösten Knochen, den Zwiebeln, den Lorbeerblättern, den Senfkörnern, den Pfefferkörnern und den Pimentkörnern 1 weitere Stunde leicht sieden lassen. Dann den Essig hinzufügen und den Gewürzsud nach Belieben mit Zucker abschmecken.

Die Gelatine 5 Minuten in kaltem Wasser einweichen.

Die Fleischwürfel in eine Schüssel geben. Die Gewürzgurken fein würfeln und zu den Fleischwürfeln geben. Die blanchierten Erbsen und die Schnittlauchröllchen hinzufügen und alles vorsichtig vermengen. Diese Sülzeneinlage auf kleine Weckgläser verteilen.

SÜLZE VOM SYLTER WATTBLICKSCHWEIN

6933
PFAND DM 6.-

Den heißen Gewürzsud durch ein feines Sieb gießen, dann die in kaltem Wasser eingeweichte und ausgedrückte Gelatine hineinrühren und unter Rühren auflösen.

Den Fond über die Sülzeneinlage in die Gläser geben. Dabei so viel Fond angießen, dass die Einlage ganz bedeckt ist.

Die Sülzen vor dem Servieren 10 Stunden kalt stellen.

Tipp

Dieses Rezept ergibt reichlich Sülze, doch hält sich diese im Kühlschrank einige Tage.

Linke Seite: Ernst »Ernesto« Veauthier

300 g Rocchetta (italienischer Weichkäse aus Ziegen-, Schafs- und Kuhmilch)
8 Scheiben Bacon (Frühstücksspeck)
8 frische Feigen
400 ml roter Portwein
80 g Zucker
2 Scheiben Toastbrot
50 g Butter
100 ml Pflanzenöl (z. B. Sonnenblumenöl)
100 ml Sansibars Hausdressing (siehe Grundrezept Seite 295)
300 g junger Baby-Leaf-Salat (Schnitt- oder Pflücksalat)
2 EL geröstete Kürbiskerne
2 EL Kürbiskernöl
Salz
grob gemahlener Pfeffer

Den Rocchetta in 8 Scheiben schneiden. Jede Scheibe mit 1 Scheibe Bacon umwickeln.

Die Feigen vierteln. Den Portwein mit dem Zucker in einen kleinen Topf geben, erhitzen und auf die Hälfte einkochen, dann die Feigenviertel hineinlegen. Den Topf sofort vom Herd nehmen.

Das Toastbrot in kleine Würfel von 0,5 cm Kantenlänge schneiden. Die Butter in einer Pfanne zerlassen und die Toastbrotwürfel darin goldbraun braten. Die Croûtons aus der Pfanne nehmen und auf Küchenkrepp abtropfen lassen.

20 ml Pflanzenöl in einer Pfanne erhitzen und die Rocchettapäckchen darin von beiden Seiten anbraten.

Das restliche Pflanzenöl mit dem Dressing verrühren und mit dem Baby-Leaf-Salat vermengen.

Die marinierten Salatblätter auf 4 Teller verteilen. Je 2 Ziegenkäseröllchen daraufsetzen und je 8 marinierte Feigenviertel dazusetzen. Etwas Portweinmarinade darübergeben. Die Kürbiskerne darüberstreuen, etwas Kürbiskernöl darüberträufeln und mit den Croûtons bestreuen. Zum Schluss mit Salz und Pfeffer abrunden und servieren.

ITALIENISCHER ZIEGENKÄSE IM SPECKMANTEL MIT PORTWEINFEIGEN AUF JUNGEM SALAT

Für das Limonen-Kalbs-Tatar

500 g frisches Kalbfleisch aus der Hüfte
2 Limonen (Limetten)
100 ml Limonen-Oliven-Öl
Salz
frisch gemahlener Pfeffer

Das Kalbfleisch in feine Würfel schneiden oder durch den Fleischwolf drehen.

Die Kalbfleischwürfel mit dem Saft der Limonen und dem Limonen-Oliven-Öl in eine Schüssel geben und mit einer Fleischgabel locker vermengen. Das Limonen-Kalbs-Tatar mit Salz und Pfeffer abschmecken.

Für die Crème fraîche

200 g Crème fraîche
Salz

Die Crème fraîche mit Salz abschmecken und glatt rühren.

LIMONEN-KALBS-TATAR MIT REIBEKUCHEN UND CRÈME FRAÎCHE

Für die Reibekuchen

6 mittelgroße, festkochende Kartoffeln
1 Ei
2 EL Weizenmehl (Type 405)
Salz
frisch gemahlener Pfeffer
etwas neutrales Pflanzenöl zum Ausbacken

Die Kartoffeln schälen, fein reiben und in einem Sieb gut abtropfen lassen. Die geriebenen und ausgedrückten Kartoffeln mit dem Ei und dem Mehl zu einem Reibekuchenteig vermengen. Den Teig mit Salz und Pfeffer abschmecken.

Das Pflanzenöl in einer Pfanne erhitzen und darin portionsweise kleine Röstitaler ausbacken.

Anrichten

Das Kalbstatar mit Hilfe von Stellringen auf 4 Tellern anrichten. Dazu jeweils einige Reibekuchen setzen und mit je 1 Nocke Crème fraîche dekorieren.

Rechte Seite: Kiana Omaraie-Hamedani

LIMONEN-KALBS-TATAR MIT REIBEKUCHEN UND CRÈME FRAÎCHE

Für die Hummercremesuppe

80 g Butter
Karkassen von 3 kleinen Hummern (beim Fischhändler vorbestellen)
200 g Karottenstifte
100 g Stangenselleriewürfel
6 Tomaten, grob gewürfelt
6 Schalotten, in feine Würfel geschnitten
1 Zweig Rosmarin
1 Zweig Thymian
300 ml Whisky
2 EL Tomatenmark
500 ml Sahne
200 ml Crème fraîche
1 Zitrone
Salz
frisch gemahlener Pfeffer
Cayennepfeffer

Die Butter in einem Topf zerlassen und die Hummerkarkassen darin anrösten. Dabei aufpassen, dass die Karkassen nicht verbrennen.

Das Gemüse (Karotten, Stangensellerie, Tomaten, Schalotten) und die Kräuter (Rosmarin, Thymian) hinzufügen und kurz mitbraten. Dann mit dem Whisky ablöschen und das Tomatenmark hineinrühren. Die Sahne und die Crème fraîche hineinrühren und alles etwa 30 Minuten leicht köcheln lassen, bis das Gemüse gar ist. Die Suppe dann mit Salz, Pfeffer, Zitronensaft und Cayennepfeffer abschmecken, 5 bis 10 Minuten ziehen lassen und durch ein Sieb passieren.

HUMMERCREMESUPPE

Für die Ofentomaten

etwas Olivenöl extra vergine
16 Cherrytomaten
1 Zweig Rosmarin
1 Zweig Basilikum
1 TL flüssiger Honig
Salz
frisch gemahlener Pfeffer

Das Olivenöl in einer ofenfesten Pfanne leicht erhitzen. Die Cherrytomaten, den Rosmarinzweig und den Basilikumzweig in dem Olivenöl schwenken, dann mit dem Honig, Salz und Pfeffer würzen. Die Cherrytomaten im auf 140 °C vorgeheizten Backofen (Ober-/Unterhitze) etwa 10 bis 15 Minuten garen.

Für das Kartoffelstroh

1 festkochende Kartoffel
etwas neutrales Pflanzenöl zum Ausbacken

Die Kartoffel schälen, in feine Streifen schneiden. Das Pflanzenöl in der Friteuse erhitzen und die Kartoffelstreifen darin zu goldgelbem Kartoffelstroh ausbacken.

Anrichten

800 g gegartes und ausgelöstes Hummerfleisch (beim Fischhändler vorbestellen)
4 Blätter Basilikum

Das Hummerfleisch im auf 50 °C vorgeheizten Backofen leicht erwärmen, dann in 4 vorgewärmten Suppentellern anrichten. Die Hummercremesuppe nochmals erwärmen, mit dem Stabmixer aufschäumen und über das Hummerfleisch geben. Die Hummercremesuppe mit den Ofentomaten und dem Kartoffelstroh dekorieren und servieren.

Linke Seite: Dorothea Votteler

4 EL Olivenöl extra vergine
1 Zwiebel, in Würfel geschnitten
1 Knoblauchzehe, geschält und in Scheiben geschnitten
4 Kartoffeln, gekocht und gewürfelt
1 Stange Lauch, in Scheiben geschnitten
2 Karotten, in Stifte geschnitten
5 Stangen grüner Spargel, schräg in kleine Stücke geschnitten
12 Kirschtomaten, halbiert
600 g gemischte Fischfilets
800 ml Fischfond (siehe Grundrezept Seite 292)
1 Zitrone
100 ml trockener Weißwein
1 Spritzer Pernod (französischer Anisgeist)
4 rohe Scampi (Kaisergranate) in der Schale
Salz
frisch gemahlener Pfeffer

2 EL Olivenöl in einem großen ofenfesten Topf erhitzen. Die Zwiebelwürfel und die Knoblauchscheiben darin goldgelb anbraten, dann das Gemüse (Kartoffeln, Lauch, Karotten, Spargel, Kirschtomaten) hinzufügen.

Die Fischfilets in Würfel von 2 cm Kantenlänge schneiden und auf das Gemüse legen.

Alles mit dem heißen Fischfond auffüllen und aufkochen, dann den Saft der Zitrone, den Weißwein und den Pernod hineinrühren. Den Fischtopf im geschlossenen Topf etwa 25 Minuten im auf 180 °C vorgeheizten Backofen garen.

Die Scampi längs aufschneiden, dabei nicht durchtrennen, in der Schale belassen und säubern. Das restliche Olivenöl in einer Pfanne erhitzen und die Scampi darin von beiden Seiten anbraten, dann salzen und pfeffern.

Den Fischtopf aus dem Ofen nehmen, mit Salz und Pfeffer abschmecken, auf 4 Teller verteilen, mit je 1 Scampi garnieren und mit Knoblauchbrot (siehe Rezept »Muscheltopf mit Gewürzsauce und Knoblauchbrot« Seite 153) und je 1 Schälchen Aioli (siehe Rezept »Salatkomposition mit dreierlei Fisch und Aioli« Seite 88) reichen.

Rechte Seite: Markus Hinterplattner

SANSIBARS FISCHTOPF

400 g Spaghetti
16 rohe Scampi (Kaisergranate) oder Riesengarnelen (Tiger Prawns)
2 EL Olivenöl extra vergine
2 Knoblauchzehen, geschält und in feine Scheiben geschnitten
2 Schalotten, geschält und in feine Würfel geschnitten
Meersalz
1 TL Sambal Oelek (indonesische Würzsauce, erhältlich im Asialaden)
100 ml halbtrockener Weißwein
½ Bund glatte Petersilie, gehackt
100 g Basilikum-Tomaten-Sauce (siehe Rezept »Knoblauchspaghetti mit Robiola und Basilikumtomaten« Seite 102)
80 g frisch gehobelter Parmesan
16 Ofentomaten (siehe Rezept »Knoblauchspaghetti mit Robiola und Basilikumtomaten« Seite 102)
einige Blätter Basilikum

Die Spaghetti in reichlich kochendem Salzwasser al dente garen.

Die Scampi aus der Schale brechen, vom Darm befreien und der Länge nach halbieren.

Das Olivenöl in einem Topf erhitzen. Den Knoblauch und die Schalotten darin anbraten. Dann die Scampi hinzufügen und goldgelb braten, anschließend mit Meersalz bestreuen.

Das Sambal Oelek hineinrühren und alles mit dem Weißwein ablöschen, dann die gehackte Petersilie unterheben.

Die garen Spaghetti abschütten, gut abtropfen lassen, in die Sauce geben und gut vermengen. Bei Bedarf nochmals mit Salz abschmecken.

Die Spaghetti auf 4 vorgewärmten Tellern anrichten. Die heiße Basilikum-Tomaten-Sauce auf die Pasta setzen, alles mit frisch gehobeltem Parmesan bestreuen, mit den Ofentomaten und einigen Basilikumblättchen garnieren und sofort servieren.

SCAMPI-SPAGHETTI MIT SCHARFER TOMATENSAUCE

Für die Tomatensuppe

3 EL Olivenöl extra vergine
3 Schalotten, in feine Würfel geschnitten
½ Knoblauchzehe, geschält und in feine Würfel geschnitten
1 EL Zucker
1 kleiner Zweig Rosmarin
2 Zweige Basilikum
500 g frische San-Marzano-Tomaten, klein geschnitten
2 EL Tomatenmark
200 ml frische Gemüsebrühe
100 ml frisch gepresster Orangensaft
Salz
frisch gemahlener Pfeffer
etwas frisch gepresster Zitronensaft

Das Olivenöl in einem Topf erhitzen. Die Schalotten- und Knoblauchwürfel darin anschwitzen, dann den Zucker darüberstreuen und mitschwitzen. Danach den Rosmarinzweig und die Basilikumzweige hinzufügen.

Die Tomaten hinzufügen und kurz mitschwitzen, dann das Tomatenmark hineinrühren. Alles mit der Gemüsebrühe und dem Orangensaft auffüllen und zum Kochen bringen. Die Tomatensuppe mindestens 40 Minuten köcheln lassen, dann mit dem Stabmixer oder in der Küchenmaschine pürieren. Die Tomatensuppe mit Salz, Pfeffer und Zitronensaft abschmecken.

Für die Spinat-Rahm-Suppe

50 g Speckwürfel
8 Schalotten, geschält und in feine Würfel geschnitten
12 Champignons, geputzt und geviertelt
¼ Knollensellerie, in feine Würfel geschnitten
250 ml Geflügelfond (siehe Grundrezept Seite 294)
250 ml Sahne
150 g Crème fraîche
1 Zitrone
Salz
frisch gemahlener weißer Pfeffer
frisch geriebene Muskatnuss
400 g frischer Spinat (am besten Babyspinat), gewaschen, geputzt und trocken geschleudert

Die Speckwürfel in einer Pfanne ohne Fettzugabe anbraten, dabei darauf achten, dass sie nicht zu kross werden. Dann die Schalottenwürfel, die Champignons und die Selleriewürfel hinzufügen und kurz mitschwitzen.

Alles mit dem Geflügelfond auffüllen, dann die Sahne und die Crème fraîche hineinrühren. Die Suppe aufkochen und 10 Minuten leicht köcheln lassen, dann mit etwas Zitronensaft, Salz, weißem Pfeffer und Muskatnuss abschmecken.

Die Suppe mit dem rohen Spinat im Mixer pürieren, dann durch ein Sieb streichen, nochmals erhitzen (aber nicht aufkochen), dann erneut mit Zitronensaft, Salz, Pfeffer und Muskatnuss abschmecken.

Für die Rote-Bete-Suppe

400 ml weiße Grundsauce (siehe Grundrezept Seite 290)
3 gegarte Rote Beten, klein gewürfelt
Salz
frisch gemahlener Pfeffer
etwas Eisweinessig (von Robert Bauer, erhältlich im Feinkosthandel oder über das Internet)

Die weiße Grundsauce aufkochen, die Rote Bete hinzufügen und kurz aufkochen, dann im Mixer pürieren. Die Suppe mit Salz, Pfeffer und Eisweinessig abschmecken.

Anrichten

Jede der drei Suppen auf je 4 Schälchen verteilen und servieren.

Für die Hühnersuppe

1 küchenfertiges Suppenhuhn (ca. 1,5 kg)
2 Karotten, geschält und in grobe Stücke geschnitten
1 Stange Lauch, geputzt und in grobe Stücke geschnitten
2 Zwiebeln, geschält und geviertelt
¼ Knollensellerie, geputzt und in grobe Stücke geschnitten
Salz

Das Suppenhuhn mit den Karotten, dem Lauch, den Zwiebeln und dem Sellerie in einen großen Topf geben, mit 2 l kaltem Wasser auffüllen und aufkochen. Alles 1 Stunde köcheln lassen, dann die Haut an Brust und Keulen des Suppenhuhns kreuzförmig einschneiden. Die Suppe salzen und langsam 45 bis 60 Minuten köcheln lassen, bis das Huhn gar ist.

Das gare Suppenhuhn aus der Brühe nehmen, das Fleisch von den Knochen lösen und in kleine Würfel schneiden. Die Brühe durch ein Sieb passieren und beiseitestellen.

Für den Eierstich

125 g Eiweiß
125 g Eigelb
250 ml Sahne
etwas frisch geriebene Muskatnuss
Salz
Butter für die Form

Die Eiweiße mit den Eigelben und der Sahne verquirlen und mit Salz und Muskatnuss würzen. Die Eiermischung in eine kleine gebutterte Auflaufform füllen (die Form sollte ca. 1,5 cm hoch gefüllt sein) und im auf 80 °C vorgeheizten Backofen etwa 20 Minuten stocken lassen. Den fertigen Eierstich aus dem Ofen nehmen, auf ein Küchenbrett stürzen und abkühlen lassen, dann in Würfel von 1,5 cm Kantenlänge schneiden.

HÜHNEREINTOPF MIT VIEL DRIN

Für die Hackbällchen

1 TL Butter
½ Zwiebel, in feine Würfel geschnitten
150 g gemischtes Hackfleisch
2 EL Semmelbrösel
1 Ei
1 EL mittelscharfer Senf
½ Bund Blattpetersilie, fein gehackt
Salz
frisch gemahlener Pfeffer

Die Butter in einem Topf zerlassen und die Zwiebelwürfel darin glasig anschwitzen, dann abkühlen lassen.

Das Hackfleisch in eine Schüssel geben und mit den Semmelbröseln, dem Ei, dem Senf und der Petersilie gut vermengen. Aus dem Hackfleisch kleine Bällchen formen und diese in reichlich kochendem Salzwasser etwa 10 Minuten gar ziehen lassen.

Für die Hühnerbrust

1 EL Butter
1 Karotte, in feine Streifen geschnitten
1 Stange Lauch, in Ringe geschnitten
100 g Maishuhnbrust (ohne Haut), in Streifen geschnitten
Salz
800 ml Hühnerbrühe (siehe Seite 132)

Die Butter in einer Pfanne zerlassen. Die Karottenstreifen und die Lauchringe darin anschwitzen, dann die Hühnerbruststreifen hinzufügen und mitbraten. Anschließend leicht salzen.

Alles mit 800 ml heißer Hühnerbrühe auffüllen und aufkochen, dann vom Herd nehmen und bis zum Anrichten beiseitestellen.

HÜHNEREINTOPF MIT VIEL DRIN

Anrichten

60 g blanchierte Erbsen
100 g gegarter Langkornreis
100 g gegarte Nudeln
Salz
etwas gehackte Blattpetersilie

Die Erbsen, den Reis und die Nudeln sowie das klein gewürfelte Suppenhuhn zu dem Gemüse und dem Hühnerbrustfilet geben. Den Hühnertopf erhitzen und mit Salz abschmecken.

Den Eintopf auf 4 große, tiefe, vorgewärmte Suppenteller (oder große Pastateller) verteilen, einige Eierstichwürfel und Hackbällchen dazugeben. Alles mit gehackter Petersilie bestreuen und servieren.

Für das Thunfischtatar

280 g Thunfisch (Sashimi-Qualität)
1 TL Sojasauce
2 TL frisch gepresster Limettensaft
1 TL Sesamöl (aus gerösteter Sesamsaat)
Salz, frisch gemahlener Pfeffer

Den Thunfisch in feine Würfel schneiden und in eine Schüssel geben. Aus der Sojasauce, dem Limettensaft und dem Sesamöl eine Marinade rühren. Diese über das Tatar geben, alles mit einer Fleischgabel verrühren, mit Salz und Pfeffer (bei Bedarf auch mit Sojasauce und Limettensaft) abschmecken und kalt stellen.

Für den Wasabi-Gurken-Salat

5 sehr kleine Gärtnergurken
Salz
100 g Magerquark
100 g Mayonnaise
½ Zitrone
etwas Wasabipulver

Die ungeschälten Gurken in feine Scheiben schneiden, in ein Sieb geben und leicht mit Salz vermengen. Die Gurken 2 Stunden ziehen lassen.

Den Quark mit der Mayonnaise und dem Saft der halben Zitrone glatt rühren. Die Creme mit Salz und Wasabipulver abschmecken, dann die abgetropften Gurkenscheiben unterheben. Nochmals mit Salz und Wasabipulver abschmecken.

Anrichten

einige Wakame-Algen (erhältlich im Asialaden), in Wasser eingeweicht und abgetropft
einige gebackene Tortillachips, einige Stangen gegarter Thaispargel

Das Thunfischtatar mit Hilfe von Stellringen auf 4 Tellern anrichten. Den Wasabi-Gurken-Salat danebensetzen und alles mit Wakame-Algen, Tortillachips und Thaispargel dekorieren.

THUNFISCHTATAR MIT WASABI-GURKEN-SALAT

Für die Suppe

800 g rohe, ungeschälte Gambas (Garnelen)
2 EL Erdnussöl
30 g frischer Galgant (Thai-Ingwer), in Scheiben geschnitten
20 g frischer Ingwer, geschält und klein geschnitten
3 Stangen Zitronengras, mit dem Messerrücken zerdrückt und klein geschnitten
2 Chilischoten, entkernt und klein geschnitten
2 EL Tomatenmark
5 Tomaten, klein geschnitten
1,5 l Geflügelfond (siehe Grundrezept Seite 294)
1 TL Salz
4 Limetten
etwas Sesamöl
80 g frische Sojasprossen
4 Babymaiskolben, in Streifen geschnitten
1 Zucchini, leicht ausgehöhlt und in Streifen geschnitten
2 Karotten, in Streifen geschnitten
200 g gegarte Udon-Nudeln (asiatische Weizennudeln)
etwas frisches Koriandergrün zum Garnieren

Die Garnelen aus den Schalen brechen, vom Darm befreien und säubern. Das Erdnussöl in einem Topf erhitzen. Die Garnelenschalen darin anrösten, dann den Galgant, den Ingwer, das Zitronengras und die Chilis hinzufügen und kurz mitrösten, anschließend das Tomatenmark hineinrühren.

Die Tomaten hinzufügen und alles mit der Geflügelbrühe auffüllen und zum Kochen bringen. Die Suppe köcheln lassen, dann mit Salz und dem Saft der Limetten abschmecken. Die Suppe anschließend durch ein Sieb schütten.

Etwas Sesamöl in einem Topf erhitzen. Das Garnelenfleisch in Würfel schneiden, kurz darin anrösten, dann die Sojasprossen, den Babymais, die Zucchini und die Karotten hinzufügen und anschwitzen. Dann mit der Suppe auffüllen und die gegarten Nudeln hinzufügen. Die Suppe nochmals aufkochen.

Etwas frisch geschnittenes Koriandergrün in die Suppe geben und die Suppe in 4 tiefen, vorgewärmten Tellern anrichten.

ASIATISCHE SUPPE MIT KLEINEN FERNÖSTLICHEN VORSPEISEN

Für den marinierten Fisch

je 150 g frisches Lachs- und Thunfischfilet (Sashimi-Qualität)
2 EL Sojasauce
2 EL frisch gepresster Limonensaft
2 EL Sesamöl

Die Fischfilets waschen, trocken tupfen und in Würfel von ca. 1 cm Kantenlänge schneiden. Die Fischwürfel immer abwechselnd schachbrettartig auf 4 kleinen Schalen anrichten. Die Sojasauce, den Limonensaft und das Sesamöl zu einer Marinade verrühren, die Fischwürfel großzügig damit bepinseln und 10 Minuten ziehen lassen.

Für die Jakobsmuscheln auf Algensalat

1 EL neutrales Pflanzenöl
4 Jakobsmuscheln, ausgelöst und ohne Corail
5 g getrocknete Wakame-Algen (erhältlich im Asialaden)
1 EL Olivenöl extra vergine
1 EL frisch gepresster Limonensaft

Das Pflanzenöl in einer Pfanne erhitzen und die Jakobsmuscheln darin von beiden Seiten scharf und kross anbraten. (Jedoch nicht ganz durchbraten.) Die Jakobsmuscheln mit einem scharfen Messer in je 4 Scheiben schneiden. Die Wakame-Algen ca. 8 bis 10 Minuten in kaltem Wasser einweichen, dann gut abtropfen lassen, auf 4 kleinen Schalen anrichten, die Jakobsmuschelscheiben mit etwas Limonensaft und Olivenöl bepinseln und auf die Wakame-Algen legen.

Für die Gambas mit Mango

2 EL Olivenöl extra vergine
4 rohe Gambas (Garnelen), geschält und entdarmt
80 ml Reisessig
Meersalz
1 reife Mango
1 EL frisch gehackte Minze
15 Pinienkerne

Powered by Mercedes-Benz.
NF HS 116

Das Olivenöl in einer Pfanne erhitzen und die Gambas darin von beiden Seiten anbraten, dann mit dem Reisessig ablöschen und einreduzieren, danach salzen. Die Mango in feine Würfel (0,5 cm Kantenlänge) schneiden. Die Mangowürfel mit der gehackten Minze und den Pinienkernen vermengen. Die Mangowürfel auf 4 kleine Schalen verteilen und je 1 Gamba darauflegen.

Für die Maishuhnspieße

250 g Maishuhnbrust
3 EL neutrales Pflanzenöl
½ frische Ananas, geschält
Salz
1 rote Paprika
4 El süße Sojasauce

Die Maishuhnbrust und die Ananas in gleich große Würfel (1,5 cm Kantenlänge) schneiden und abwechselnd auf 4 Holzspieße stecken, dann salzen.

Die Paprikaschote waschen, halbieren, von Stielansatz, Kernen und Scheidewänden befreien, mit dem Sparschäler häuten und in feine Streifen schneiden. 1 EL Pflanzenöl in einer Pfanne erhitzen und die Paprikastreifen darin leicht anbraten, dann mit der süßen Sojasauce ablöschen, die Hitze reduzieren und vorsichtig einkochen. Bei Bedarf mit Salz abschmecken.

In einer zweiten Pfanne das restliche Pflanzenöl erhitzen und die Maishuhnspieße darin anbraten, dann in den auf 90 °C vorgeheizten Backofen geben und etwa 10 Minuten fertig garen. (Die Garzeit richtet sich nach der Größe der Hühnerfleischwürfel, diese müssen ganz durch sein.)

Die Paprikastreifen auf 4 Schalen verteilen und je 1 Maishuhnspieß darauflegen.

Anrichten

Je 1 Schale Suppe mit den je 4 verschiedenen Vorspeisenschalen servieren.

Variante

Stecken Sie blanchierte Baby-Pak-Choi-Stücke abwechselnd mit den Maishuhnbrustwürfeln auf Zitronengrasstengel. Dazu passt gebratener Thaispargel.

Folgende Doppelseite (von links nach rechts): Simon Räpple, Michael David, Leif Winter, Hendrik Kleist, Dietmar Priewe, Thomas Kubena, Kevin Wilde, Maximilian Hahn

ASIATISCHE SUPPE MIT KLEINEN FERNÖSTLICHEN VORSPEISEN

HAUPTSPEISEN
MIT FISCH UND MEERESFRÜCHTEN

4 EL neutrales Pflanzenöl
16 Scampi (Kaisergranate, vorzugsweise Wildfang, keine Zuchtware) oder Riesengarnelen
8 Schalotten, in feine Scheiben geschnitten
2 Knoblauchzehen, in feine Scheiben geschnitten
100 g Butterwürfel
Salz
frisch gemahlener Pfeffer
2 Zitronen
1 Bund glatte Petersilie, fein gehackt

Das Pflanzenöl in einer Pfanne erhitzen und die Scampi darin von beiden Seiten anbraten.

Die Schalotten- und die Knoblauchscheiben auf die Scampi legen und die Butterwürfel darübergeben. Sobald die Butter geschmolzen ist, die Scampi vorsichtig mit Hilfe einer Bratschaufel wenden, so dass die Schalotten- und Knoblauchscheiben unten sind, und kurz weiterbraten. Die Scampipfanne mit Salz, Pfeffer und dem Saft der Zitronen abschmecken.

Die fein gehackte Petersilie unterrühren und die Scampipfanne servieren.

SCAMPIPFANNE SANSIBAR

Für das Knoblauchbrot

1 Bund Blattpetersilie, die Blätter gezupft
½ Bund Basilikum, die Blätter gezupft
5 Knoblauchzehen, geschält und in Scheiben geschnitten
250 g weiche Butter
½ EL Currypulver
½ EL mildes Paprikapulver
½ Zitrone
1 EL Worcestersauce
Salz
frisch gemahlener Pfeffer
50 ml Olivenöl extra vergine
½ Stange Baguette

Die Petersilie, das Basilikum und den Knoblauch in der Küchenmaschine zu einer glatten Paste verarbeiten.

Die weiche Butter in eine Schüssel geben und mit der Knoblauch-Kräuter-Paste, dem Currypulver, dem Paprikapulver, dem Saft der Zitrone und der Worcestersauce mit dem Handrührgerät schaumig aufschlagen. Die Knoblauch-Kräuter-Butter mit Salz und Pfeffer abschmecken, dann das Olivenöl hinzufügen und in der Küchenmaschine oder mit dem Handrührgerät erneut schaumig aufschlagen.

Das Baguette der Länge nach halbieren, mit der Knoblauchbutter bestreichen und im auf 180 °C vorgeheizten Backofen etwa 5 Minuten knusprig backen.

MUSCHELTOPF MIT GEWÜRZSAUCE UND KNOBLAUCHBROT

Für das Muschelgewürz

12 getrocknete Lorbeerblätter, zerkrümelt
3 TL mildes Currypulver
9 Pimentkörner, im Mörser grob zerstoßen
5 Gewürznelken, im Mörser grob zerstoßen
1 ½ EL mildes Paprikapulver
1 ½ EL Sansibars Pfeffermix von Ingo Holland, im Mörser grob zerstoßen

Alle Gewürze in einer Schüssel miteinander vermengen und in ein Gewürzglas füllen. Für den Muscheltopf 4 EL abnehmen.

Für den Muscheltopf

60 g Butter
2 Zwiebeln, in feine Würfel geschnitten
2 Karotten, in feine Streifen geschnitten
2 Stangen Lauch, in Ringe geschnitten
2 kg frische küchenfertige Miesmuscheln, gut gewässert
400 ml trockener Weißwein
200 ml Gemüsebrühe
4 EL Muschelgewürz (siehe oben)
400 ml Sahne
etwas Speisestärke
Salz
frisch gemahlener Pfeffer
etwas frisch gepresster Zitronensaft

MUSCHELTOPF MIT GEWÜRZSAUCE UND KNOBLAUCHBROT

Die Butter in einem großen Topf zerlassen. Die Zwiebel, die Karotten und den Lauch darin anschwitzen.

Offene Muscheln aussortieren und wegwerfen. Die geschlossenen Muscheln in den Topf geben, mit dem Weißwein ablöschen und mit der Gemüsebrühe auffüllen. Das Muschelgewürz hinzufügen, dann den Topf abdecken. Die Muscheln 3 bis 4 Minuten kochen lassen.

Die Topfgriffe und den Topfdeckel mit Hilfe eines Handtuchs festhalten und den Topf hin- und herschwenken. Dabei müssen sich die Muscheln öffnen.

Den Muschelfond durch ein Sieb in einen kleinen Topf gießen, die Sahne hinzufügen und aufkochen. Den Fond mit etwas in kaltem Wasser angerührter Speisestärke binden, dann mit Salz, Pfeffer und Zitronensaft abschmecken und mit dem Stabmixer schaumig aufschlagen.

Die Muscheln in 4 tiefen, vorgewärmten Tellern anrichten. Je 1 Schale Muschelfond dazu reichen. Nach Belieben mit dem Knoblauchbrot servieren.

MUSCHELTOPF MIT GEWÜRZSAUCE UND KNOBLAUCHBROT

Für das Tomatenragout

600 g Flaschentomaten (am besten San Marzano)
2 EL Olivenöl extra vergine
Meersalz

Die Tomaten vom Stielansatz befreien, kreuzweise einschneiden, in kochendem Salzwasser blanchieren, kalt abschrecken und häuten. Die Tomaten vierteln und klein schneiden. Das Olivenöl in einem Topf erhitzen, die Tomatenwürfel hineingeben, salzen und etwas einkochen, dann vom Herd nehmen und beiseitestellen.

Für das indische Gemüsecurry

2 EL neutrales Pflanzenöl
2 Zwiebeln, in Würfel geschnitten
1 daumendickes Stück Babyingwer (ca. 20 g), geschält und in kleine Würfel geschnitten
2 TL scharfes Paprikapulver
2 TL Sansibar Currymischung von Ingo Holland
1 TL Melange Blanc von Ingo Holland (Gewürzmischung)
1 Msp. Raz el Hanout von Ingo Holland (nordafrikanische Gewürzmischung)
1 Msp. Sansibar Fünf-Gewürze-Pulver
1 EL Tomatenmark
500 g Tomatenragout (siehe oben)
180 ml Geflügelfond (siehe Grundrezept Seite 294)
3 Karotten, geschält, in Streifen geschnitten und blanchiert
8 Zuckerschoten, halbiert und blanchiert
3 Babymaiskolben, geviertelt und blanchiert
1 rote Spitzpaprika, in Ringe geschnitten und blanchiert
4 Baby-Pak-Choi (asiatischer Blattsenf, im Asialaden erhältlich), blanchiert
6 Tomaten, gehäutet und klein geschnitten
1 EL Rosinen
12 getrocknete Aprikosen, klein geschnitten
etwas frisch gehacktes Koriandergrün
Salz
frisch gemahlener Pfeffer

RED SNAPPER IM INDISCHEN GEMÜSECURRY

Das Öl in einem großen ofenfesten Topf erhitzen. Die Zwiebel- und die Babyingwerwürfel darin anschwitzen, dann die Gewürze (Paprikapulver, Currymischung, Melange Blanc, Raz el Hanout, Fünf-Gewürze-Pulver) hinzufügen und weiterschwitzen. Das Tomatenmark hineinrühren, dann mit dem Tomatenragout und dem Geflügelfond auffüllen.

Die Sauce aufkochen, dann das blanchierte Gemüse (Karotten, Zuckerschoten, Babymaiskolben, Spitzpaprika, Pak-Choi) und die gehäuteten Tomaten hinzufügen. Die Rosinen und die getrockneten Aprikosen in das Curry rühren. Das Curry aufkochen, dann das gehackte Koriandergrün unterheben.

Für den Red Snapper

2 EL neutrales Pflanzenöl
4 Red-Snapper-Filets (mit Haut, à 180 g)
Salz

Das Öl in einer Pfanne erhitzen und die Fischfilets darin auf der Hautseite gut anbraten, salzen, dann auf das Currygemüse setzen und 5 Minuten im auf 100 °C vorgeheizten Backofen fertig garen. (Der Fisch sollte innen noch glasig sein.)

Anrichten

Die Red-Snapper-Filets aus dem Ofen nehmen und auf 4 vorgewärmten Tellern anrichten. Das Gemüsecurry nochmals umrühren, mit Salz und Pfeffer abschmecken und auf die Teller verteilen. Nach Belieben mit glatt gerührtem griechischem Joghurt, Fladenbrot oder Reis servieren.

Linke Seite: Markus Friederici

RED SNAPPER IM INDISCHEN GEMÜSECURRY

4 frische küchenfertige Filets vom Seeteufel (à 200 g)
Salz
frisch gemahlener Pfeffer
etwas Weizenmehl (Type 405)
2 EL Olivenöl extra vergine
1 Zweig Rosmarin
750 g frischer Spinat, gewaschen, von den Stielen befreit und zerpflückt
240 g Rinderfilet
etwas Olivenöl extra vergine zum Bestreichen
Salz
frisch gemahlener Pfeffer
3 Schalotten, in feine Würfel geschnitten
20 g Butter
3 EL Crème fraîche
100 g weiße Grundsauce (siehe Grundrezept Seite 290)
200 g bissfest gegarte Hartweizennudeln
4 EL geschlagene Sahne
100 g frisch gehobelter Parmesan

Die Seeteufelfilets mit Salz und Pfeffer bestreuen und leicht mehlieren.

Das Olivenöl in einer Pfanne erhitzen und die Seeteufelfilets darin von einer Seite anbraten, dann den Rosmarinzweig in die Pfanne geben und die Seeteufelfilets von der anderen Seite anbraten.

Den Spinat kurz in siedendem Salzwasser blanchieren, dann abschütten und abtropfen lassen.

Das Rinderfilet in hauchdünne Scheiben schneiden und auf 4 vorgewärmte, mit Olivenöl bepinselte Teller verteilen. Die Rinderfiletscheiben mit Salz und Pfeffer bestreuen und mit Olivenöl bepinseln.

GEBRATENER SEETEUFEL AUF CARPACCIO VOM US-BEEF MIT RAHMSPINAT UND PARMESAN

Die Butter in einem Topf zerlassen. Die Schalotten darin bei mittlerer Hitze farblos anschwitzen. Den blanchierten Spinat hinzufügen und erwärmen. Dann die Crème fraîche und die weiße Grundsauce hinzufügen und gut vermengen. Die gegarten Nudeln zu dem Spinat geben, die geschlagene Sahne vorsichtig unterheben, alles mit Salz und Pfeffer abschmecken und erneut vermengen.

Anrichten

Die Spinatnudeln auf das Carpaccio geben, je 1 Seeteufelfilet darauflegen, alles mit dem frisch gehobelten Parmesan bestreuen und servieren.

Linke Seite: Dieter Döll

GEBRATENER SEETEUFEL AUF CARPACCIO VOM US-BEEF MIT RAHMSPINAT UND PARMESAN

12 Morsumer Kartoffeln (Sorte Princess, alternativ andere festkochende Kartoffeln)
4 frische Filets vom Lofoten-Skrei (Winterkabeljau, mit Haut, à 200 g)
Salz
etwas Weizenmehl (Type 405)
20 g Butterschmalz
40 g Butter
1 Zweig Thymian
5 Schalotten, in feine Würfel geschnitten
6 EL Crème fraîche
frisch gemahlener Pfeffer
250 g geschälte Nordseekrabben
1 Bund glatte Petersilie, fein gehackt
1 Bund Schnittlauch, in feine Röllchen geschnitten

Die Kartoffeln schälen und in kochendem Salzwasser gar kochen, dann aus dem Wasser nehmen und kurz ausdämpfen lassen.

Die Skrei-Filets salzen und auf der Hautseite mehlieren.

Das Butterschmalz in einer ofenfesten Pfanne erhitzen und die Skrei-Filets darin auf der Hautseite kross anbraten. Sobald die Hautseite kross ist, die Hälfte der Butter und den Thymian in die Pfanne geben, den Fisch wenden und die Pfanne 5 Minuten in den auf 120 °C vorgeheizten Backofen geben, um den Fisch durchziehen zu lassen.

Die restliche Butter in einem kleinen Topf zerlassen und die Schalotten darin goldgelb anbraten. Dann die Crème fraîche hineinrühren und die Sauce mit Salz und Pfeffer abschmecken. Die Krabben, die Petersilie und den Schnittlauch in die Sauce geben und die Sauce nochmals erwärmen (nicht kochen).

Die Krabbensauce auf 4 vorgewärmte Teller verteilen und je 1 Skrei-Filet in die Mitte setzen. Die Kartoffeln daneben anrichten oder separat reichen. Dazu passt mit Essig und Öl angemachter Gurkensalat.

LOFOTEN-SKREI MIT ALTFRIESISCHER KRABBENSAUCE UND MORSUMER KARTOFFELN

Für den Loup de Mer

4 frische Filets vom Loup de Mer (mit Haut, à 200 g)
Salz
frisch gemahlener Pfeffer
etwas Weizenmehl (Type 405)
10 g Butterschmalz
10 g Butter
1 Zweig Thymian

Die Fischfilets salzen, pfeffern und mehlieren. Das Butterschmalz in einer ofenfesten Pfanne zerlassen und die Fischfilets darin auf der Hautseite kross anbraten. Die Fischfilets wenden und den Thymian sowie eine Butterflocke hinzufügen. Den Fisch etwa 3 Minuten im auf 120 °C vorgeheizten Backofen durchziehen lassen.

Für das Champagnerkraut

20 g Butter
6 Schalotten, in feine Scheiben geschnitten
1 Msp. Backpulver
700 g Weißkohl, vom Strunk befreit und in feine Streifen geschnitten
300 ml trockener Weißwein
50 ml Champagneressig
6 EL Crème fraîche
½ Zitrone
2–3 EL Zucker
Salz

Die Butter in einem Topf zerlassen und die Schalotten darin farblos anschwitzen, dann das Backpulver hineinrühren. Den Weißkohl hinzufügen und gut durchrühren. Das Kraut mit dem Weißwein ablöschen, dann etwa 45 Minuten köcheln lassen.

Das Weißkraut nach Ende der Garzeit mit dem Champagneressig und der Crème fraîche vollenden, dann mit dem Saft der halben Zitrone, Zucker und Salz abschmecken.

LOUP DE MER, AUF DER HAUT KROSS GEBRATEN, MIT CHAMPAGNERKRAUT, TRAUBEN, SPECK UND CROÛTONS

Anrichten

6 Scheiben Bacon (Frühstücksspeck), in Streifen geschnitten
4 Scheiben entrindetes Toastbrot
100 g Butter
200 g Weintrauben, geviertelt
4 EL gehackte glatte Petersilie

Den Bacon in einer Pfanne ohne Fettzugabe knusprig braten.

Das Toastbrot klein würfeln. In einer weiteren Pfanne 95 g Butter aufschäumen und die Toastbrotwürfel darin zu goldgelben Croûtons rösten. Die Croûtons aus der Pfanne nehmen und auf etwas Küchenkrepp abtropfen lassen.

Das Champagnerkraut auf 4 vorgewärmte Teller verteilen und je 1 Fischfilet daraufgeben.

5 g Butter in einer Pfanne zerlassen, den kross gebratenen Bacon und die Croûtons hinzufügen, ebenso die Trauben und die gehackte Petersilie. Alles nur leicht erwärmen und vorsichtig vermengen, dann auf die Loup-de-Mer-Filets geben.

Tipp

Dazu passt Kartoffelpüree (siehe Rezept »Sansibars Wiener Schnitzel« Seite 218).

Rechte Seite: Thomas Fechner

LOUP DE MER, AUF DER HAUT KROSS GEBRATEN, MIT CHAMPAGNERKRAUT, TRAUBEN, SPECK UND CROÛTONS

250 g frisches Lachsfilet (mit Haut)
250 g frisches Seeteufelfilet
250 g frisches Steinbuttfilet (mit Haut)
250 g frisches Loup-de-Mer-Filet (mit Haut)
Salz
frisch gemahlener Pfeffer
etwas Weizenmehl (Type 405)
150 g Butter
4 rohe Scampi (Kaisergranate, geschält) oder Riesengarnelen aus Wildfang
4 kleine Zwiebeln, in feine Würfel geschnitten
4 kleine Stangen Lauch, in Ringe geschnitten
6 kleine Knoblauchzehen, geschält und in Scheiben geschnitten
12 Kirschtomaten
1 Bund glatte Petersilie, fein gehackt

Jedes Fischfilet in 4 gleich große Stücke schneiden, salzen, pfeffern und mehlieren.

Die Butter in einer Pfanne zerlassen. Die Fischfilets auf der Hautseite und die Scampi darin auf einer Seite anbraten. Dann das Gemüse (Zwiebeln, Lauch, Knoblauch, Kirschtomaten) in die Pfanne geben. Alles nochmals mit Salz und Pfeffer bestreuen, dann die Fischfilets wenden und auf der zweiten Seite braten.

Den garen Fisch mit der gehackten Petersilie bestreuen und die Fischpfanne auf 4 Teller verteilen. Nach Belieben mit frischem Baguette servieren.

KNOBLAUCHBUTTERPFANNE VON EDELFISCHEN

Für den Steinbutt

4 frische Filets vom Steinbutt (à 200 g)
Salz
frisch gemahlener Pfeffer
etwas Weizenmehl (Type 405)
50 g Butter

Die Steinbuttfilets salzen, pfeffern und mehlieren.

Die Butter in einer Pfanne zerlassen und die Steinbuttfilets darin von beiden Seiten anbraten, dann aus der Pfanne nehmen und warm stellen.

Für die Rahmkarotten

60 g Butter
1 Zwiebel, geschält und in feine Würfel geschnitten
1 EL Zucker
12 junge Karotten, geschält und in 2 mm dünne Scheiben geschnitten
100 ml Fleischbrühe (siehe Grundrezept Seite 293)
200 ml Sahne
Salz
frisch gemahlener weißer Pfeffer
frisch geriebene Muskatnuss
½ Bund glatte Petersilie, gehackt
4 EL geschlagene Sahne

Die Butter in einem Topf zerlassen und die Zwiebelwürfel darin goldgelb anschwitzen. Die Zwiebeln mit dem Zucker bestreuen und leicht karamellisieren, dann die Karottenscheiben hinzufügen und mitschwitzen.

Die Karotten mit der Fleischbrühe und der Sahne auffüllen und um ⅔ einkochen, bis die Sauce eine cremige Konsistenz hat. Die Hitze dann reduzieren.

STEINBUTTFILET AUF RAHMKAROTTEN MIT KARTOFFELSTROH

Die Karotten mit Salz, weißem Pfeffer und Muskatnuss abschmecken. Sobald die Karotten weich sind, den Topf vom Herd nehmen und beiseitestellen. Kurz vor dem Servieren die gehackte Petersilie und die geschlagene Sahne unterziehen.

Für das Kartoffelstroh

3 große festkochende Kartoffeln
neutrales Fett oder Butterschmalz zum Frittieren
Salz

Die Kartoffeln schälen und in lange, feine Streifen schneiden, kurz in siedendem Wasser blanchieren, dann abschütten und gründlich abtrocknen.

Die Kartoffelstreifen in dem heißen Fett zu knusprigem Kartoffelstroh ausbacken, dann herausnehmen, auf Küchenkrepp abtropfen lassen, anschließend leicht salzen.

Anrichten

Die Rahmkarotten auf 4 Teller verteilen, je 1 Steinbuttfilet danebensetzen und alles mit Kartoffelstroh dekorieren.

Tipp

Im Fachhandel sind spezielle Gemüseschneidemaschinen erhältlich, mit deren Hilfe sich Gemüsestreifen wie für das Kartoffelstroh ganz leicht herstellen lassen.

Linke Seite: Dominik Goldschmidt

STEINBUTTFILET AUF RAHMKAROTTEN MIT KARTOFFELSTROH

Für die Ofenkartoffeln

4 vorwiegend festkochende Kartoffeln (à 250 g)
Salz

Die Kartoffeln einzeln fest in Alufolie wickeln und im auf 220 °C vorgeheizten Backofen (Ober-/Unterhitze) etwa 1 Stunde garen. (Nach 50 Minuten mit einem Holzstäbchen prüfen, ob die Kartoffeln weich sind und die Garzeit danach richten.)

Die garen Kartoffeln aus dem Ofen nehmen, aus der Folie wickeln, kreuzweise aufschneiden, etwas aufdrücken und leicht salzen.

Für die Schnittlauchcreme

250 g Crème fraîche
80 g griechischer Joghurt
1 Bund Schnittlauch, in feine Röllchen geschnitten
1 Zitrone
Salz
frisch gemahlener Pfeffer

Die Crème fraîche und den Joghurt mit dem Saft der Zitrone mit dem Handrührgerät zu einer glatten Creme aufschlagen. Die Schnittlauchröllchen vorsichtig unter die Creme heben und die Creme kräftig mit Salz und Pfeffer abschmecken.

WILDER BABYSTEINBUTT MIT SENFSAUCE UND OFENKARTOFFEL

Für die Senfsauce

4 EL trockener Weißwein
4 EL Wasser
2 EL Schalottenwürfel
3 Eigelb
250 g Butter
etwas frisch gepresster Zitronensaft
Salz
frisch gemahlener Pfeffer
2 EL grobkörniger Dijonsenf
1 EL mittelscharfer Tafelsenf
300 g geschlagene Sahne

Den Weißwein und das Wasser mit den Schalottenwürfeln in einen Topf geben, aufkochen und auf die Hälfte reduzieren. Den Topf vom Herd nehmen und die Reduktion etwas abkühlen lassen.

Die Eigelbe mit der Reduktion in eine kleine Schüssel geben und über dem warmen Wasserbad cremig aufschlagen.

Die Butter in einem kleinen Topf zerlassen und etwas abkühlen lassen. Die flüssige Butter zunächst tröpfchenweise, dann stetig schneller in die Eigelbcreme rühren. Dabei ständig rühren, sonst gerinnt die Mischung.

Diese Hollandaise mit Zitronensaft, Salz und Pfeffer abschmecken und 300 ml davon abmessen.

Den Dijonsenf, den Tafelsenf und 200 g geschlagene Sahne in die heiße Hollandaise rühren. Die Senfsauce nochmals vorsichtig erhitzen, dann die restliche geschlagene Sahne unterziehen.

WILDER BABYSTEINBUTT MIT SENFSAUCE UND OFENKARTOFFEL

Für den Babysteinbutt

1 ganzer, küchenfertiger Babysteinbutt (800–1000 g)
Salz
frisch gemahlener Pfeffer
etwas Weizenmehl (Type 405)
4 EL Pflanzenöl

Den Steinbutt mit Salz und Pfeffer bestreuen und leicht mehlieren.

Das Pflanzenöl in einer Pfanne erhitzen und den Steinbutt darin mit der dunklen Seite zuerst 7 bis 9 Minuten anbraten, dann wenden und weitere 7 bis 10 Minuten braten. Kurz vor dem Anrichten nochmals wenden.

Anrichten

2 Zitronen

Den Steinbutt auf einer Platte oder einem Servierteller anrichten. Den Steinbutt von den Gräten filetieren, auf 4 Teller verteilen und mit je ½ Zitrone dekorieren. Die Ofenkartoffeln mit der Schnittlauchcreme sowie die Senfsauce separat dazu reichen.

WILDER BABYSTEINBUTT MIT SENFSAUCE UND OFENKARTOFFEL

Für die Petersilienkartoffeln

16 festkochende Kartoffeln
etwas gehackte glatte Petersilie
etwas Butter
Meersalz

Die Kartoffeln schälen, in reichlich Salzwasser gar kochen, dann abschütten, abtropfen lassen und in der gehackten Petersilie und etwas Butter schwenken. Bei Bedarf salzen.

Für den schwäbischen Kartoffelsalat

600 g festkochende Kartoffeln
50 ml neutrales Pflanzenöl
2 Zwiebeln, geschält und in feine Würfel geschnitten
2 El mittelscharfer Tafelsenf
3–4 EL Weißweinessig
200 ml Fleischbrühe (siehe Grundrezept Seite 293)
Salz
frisch gemahlener Pfeffer

Die ungeschälten Kartoffeln in reichlich Salzwasser gar kochen, dann abschütten, pellen und noch warm in dünne Scheiben schneiden.

Die Hälfte des Öls in einem Topf erhitzen und die Zwiebelwürfel darin farblos anschwitzen, dann den Senf hineinrühren, mit dem Essig ablöschen und mit der Fleischbrühe auffüllen.

Diese Marinade heiß über die Kartoffeln geben, vermengen und 30 Minuten ziehen lassen, dann das restliche Öl untermengen und den Kartoffelsalat mit Salz, Pfeffer und nach Belieben mit Weißweinessig abschmecken.

GEBRATENE NORDSEE-SEEZUNGE MIT PETERSILIENKARTOFFELN ODER SCHWÄBISCHEM KARTOFFELSALAT

Für die Seezunge

4 frische Seezungen aus der Nordsee (à 700 g)
Salz
frisch gemahlener Pfeffer
50 g Weizenmehl (Type 405)
neutrales Pflanzenöl zum Braten
2 Zitronen, geschält und in Scheiben geschnitten
½ Bund glatte Petersilie, gehackt
4 Butterflocken

Die Seezungen putzen, waschen, trocken tupfen, mit Salz und Pfeffer bestreuen und mehlieren.

Reichlich Pflanzenöl in einer Pfanne erhitzen und die Seezungen darin von beiden Seiten in 12 bis 15 Minuten goldbraun braten. Kurz vor Ende der Bratzeit die Zitronenscheiben auf die Seezungen legen und mit gehackter Petersilie bestreuen. Je 1 Butterflocke darauflegen.

Anrichten

Die Seezungen mit den Zitronenscheiben auf 4 vorgewärmten Tellern anrichten. Die Petersilienkartoffeln oder den schwäbischen Kartoffelsalat separat dazu reichen.

Linke Seite: Andrea Meusel

GEBRATENE NORDSEE-SEEZUNGE MIT PETERSILIENKARTOFFELN ODER SCHWÄBISCHEM KARTOFFELSALAT

Für die Kartoffeln

12 La-Ratte-Kartoffeln aus Morsum (am besten vom Bauern Hoffmann)
250 g Crème fraîche
80 g gesalzene Butter
Salz
frisch gemahlener Pfeffer

Die ungeschälten Kartoffeln in reichlich Salzwasser gar kochen.

Die Crème fraîche mit Salz und Pfeffer abschmecken, glatt rühren und auf 4 Schälchen verteilen. Die Salzbutter auf 4 weitere Schälchen verteilen.

Für die Pfeffer-Dill-Rahm-Sauce

250 ml Sahne
100 ml kräftige Fleischbrühe (siehe Grundrezept Seite 293)
½ Zitrone
Salz
frisch gemahlener Pfeffer
1 Bund Dill, fein gehackt

Die Sahne mit dem Fleischfond in einen Topf geben und aufkochen. Den Saft der halben Zitrone zugeben, die Sauce mit Salz und Pfeffer abschmecken, dann den Dill hineinrühren. Die Sauce in eine kleine Auflaufform füllen.

FILET VOM HEILBUTT IN PFEFFER-DILL-RAHM-SAUCE GEGART MIT SPINAT UND SYLTER LA-RATTE-KARTOFFELN

Für den Heilbutt

4 küchenfertige weiße Heilbuttfilets (à 180 g)
20 g Butter
3 Schalotten, geschält und in Würfel geschnitten
700 g Babyspinat, gründlich gewaschen und trocken geschleudert
grober Sansibar-Pfeffer von Ingo Holland
Salz

Die Heilbuttfilets in die Auflaufform mit der Pfeffer-Dill-Rahm-Sauce setzen. Die Filets sollen vollständig mit Sauce bedeckt sein. Die Heilbuttfilets im auf 180 °C vorgeheizten Backofen 12 Minuten garen. Die garen Heilbuttfilets aus dem Ofen nehmen, salzen und mit grobem Pfeffer bestreuen. Die Pfeffer-Dill-Rahm-Sauce mit Salz und Pfeffer abschmecken. Etwa 8 EL der Sauce abnehmen.

Die Butter in einem Topf zerlassen und die Schalottenwürfel darin goldgelb anbraten. Dann den rohen Spinat hinzufügen und alles gut durchschwenken, bis der Spinat leicht zusammenfällt.

Anrichten

Murray-River-Salz-Flocken

Einen Spiegel der Pfeffer-Dill-Rahm-Sauce auf 4 Tellern anrichten. Je 1 Heilbuttfilet auf den Saucenspiegel setzen und den Spinat auf den Heilbuttfilets anrichten. Alles mit der zurückbehaltenen Dill-Rahm-Sauce beträufeln und mit einigen Flocken Murray-River-Salz bestreuen. Die Morsumer Kartoffeln und die Crème fraîche separat dazu reichen.

Linke Seite: Daniel Rost

FILET VOM HEILBUTT IN PFEFFER-DILL-RAHM-SAUCE GEGART MIT SPINAT UND SYLTER LA-RATTE-KARTOFFELN

Für den Steinbutt

2 Zwiebeln
4 Karotten
2 Stangen Lauch
750 ml Chablis
500 ml Fischfond (siehe Grundrezept Seite 292)
1 küchenfertiger Steinbutt (ca. 3–5 kg)
50 ml flüssige Butter
Salz
frisch gemahlener Pfeffer

Die Zwiebeln schälen und in feine Streifen schneiden.

Die Karotten schälen und ebenfalls in feine Streifen schneiden.

Den Lauch putzen und in feine Ringe schneiden.

Das gesamte Gemüse auf einem tiefen Backblech (Fettpfanne) verteilen. Den Chablis und den Fischfond darübergeben. Den Steinbutt auf das Gemüsebett setzen, mit der flüssigen Butter übergießen, salzen, pfeffern und im auf 250 °C vorgeheizten Backofen etwa 45 Minuten goldgelb braten. Der Steinbutt ist gar, wenn sich das Fleisch leicht von der Gräte lösen lässt.

Rechte Seite: Günther Falke

WILDER NORDSEESTEINBUTT IM GANZEN AUF CHABLISGEMÜSE GEBACKEN

Für die Sahne-Lauch-Kartoffeln

8 mittelgroße festkochende Kartoffeln
600 ml Sahne
2 Stangen Lauch, geputzt
20 g Butter
Salz
frisch gemahlener Pfeffer
frisch geriebene Muskatnuss

Die Kartoffeln schälen, in Würfel schneiden und in reichlich Salzwasser gar kochen.

Die Sahne in einen Topf geben und aufkochen, dann die Kartoffelwürfel hinzufügen und einkochen, bis alles eine sämige Konsistenz hat.

Den Lauch in Scheiben schneiden.

Die Butter in einer Pfanne zerlassen und die Lauchscheiben darin anschwitzen.

Den Lauch zu den Kartoffeln geben und mit Salz, Pfeffer und Muskatnuss abschmecken.

Anrichten

Den garen Steinbutt auf eine große, vorgewärmte Servierplatte setzen. Den Steinbutt erst bei Tisch filetieren und auf 4 vorgewärmte Teller verteilen. Die Sahne-Lauch-Kartoffeln separat dazu reichen.

Tipp

Reichen Sie dazu Dijonsenfsauce (siehe Rezept »Wilder Babysteinbutt mit Senfsauce und Ofenkartoffel« Seite 178).

Linke Seite: Kai Heinsen

WILDER NORDSEESTEINBUTT IM GANZEN AUF CHABLISGEMÜSE GEBACKEN

Für die Sauce

2 EL neutrales Pflanzenöl
Schalen und Köpfe von 4 Gambas (Garnelen, siehe unten), gesäubert und gewaschen
5 Schalotten, geschält und in feine Würfel geschnitten
½ Fenchelknolle, geputzt und in feine Streifen geschnitten
2 Karotten, geschält und in feine Streifen geschnitten
6 frische Steinchampignons, geviertelt
2 Tomaten, gewürfelt
50 g Butter
1 TL Tomatenmark
200 ml trockener Weißwein
600 ml Fischfond (siehe Grundrezept Seite 292)
2 Zweige Thymian
1 Zweig Estragon
200 ml Sahne
1 Limette
2 Orangen
Salz
frisch gemahlener Pfeffer
scharfes Paprikapulver

Das Pflanzenöl in einem großen Topf erhitzen und die Garnelenschalen und -köpfe darin anrösten. Alles Gemüse (Schalotten, Fenchel, Karotten, Steinchampignons, Tomaten) und die Butter hinzufügen und mitschwitzen. Das Tomatenmark hineinrühren und alles mit dem Weißwein ablöschen.

Den Weißwein komplett einreduzieren, dann mit dem Fischfond auffüllen, die Kräuter (Thymian, Estragon) hinzufügen und etwa 30 Minuten leicht köcheln lassen. Dann die Sahne in den Fond rühren und den Saft der Limette und der Orangen hinzufügen. Die Sauce aufkochen, dann mit Salz, Pfeffer und Paprikapulver abschmecken. Die fertige Sauce durch ein Sieb passieren.

WILDLACHS UND GAMBAS AUF KNACKIGEM GEMÜSE MIT KNUSPERBLÄTTERN

Für den Wildlachs, die Gambas und das Gemüse

4 Wildlachsfilets (à 180 g)
Salz
frisch gemahlener Pfeffer
2 El neutrales Pflanzenöl
4 Butterflocken
4 große rohe Gambas (Garnelen), geschält, mit Kopf
1 EL Butter zum Braten
etwas Sesamöl
2 Babymaiskolben, in Streifen geschnitten
15 Zuckerschoten, in Streifen geschnitten
1 rote Spitzpaprika, in Streifen geschnitten
50 g Sojasprossen
30 ml Gemüsebrühe

Die Wildlachsfilets salzen und pfeffern.

2 EL Pflanzenöl in einer ofenfesten Pfanne erhitzen und die Wildlachsfilets darin von beiden Seiten leicht anbraten. Auf jedes angebratene Wildlachsfilet eine Butterflocke setzen und den Fisch in der Pfanne im auf 130 °C vorgeheizten Backofen 10 Minuten fertig garen.

Die Gambas salzen und pfeffern und in 1 EL Butter leicht anbraten, dann beiseitestellen.

Das Sesamöl in einer Pfanne erhitzen und das Gemüse (Babymaiskolben, Zuckerschoten, Spitzpaprika, Sojasprossen) darin kurz anbraten. Mit Salz und Pfeffer abschmecken, die Gemüsebrühe hinzufügen, den Topf abdecken und das Gemüse 3 bis 4 Minuten bissfest garen.

WILDLACHS UND GAMBAS AUF KNACKIGEM GEMÜSE MIT KNUSPERBLÄTTERN

Für die Knusperblätter

neutrales Pflanzenöl zum Ausbacken
4 Blatt runder Brickteig

Das Pflanzenöl in einer Pfanne erhitzen und die Brickteigblätter darin schwimmend goldgelb ausbacken. Die Knusperblätter aus der Pfanne nehmen und auf Küchenkrepp abtropfen lassen. Die Blätter in große Stücke brechen.

Anrichten

frisch geschroteter schwarzer Pfeffer
einige Blättchen frische Minze

Das knackige Gemüse auf 4 tiefe Teller verteilen. Je 1 Wildlachsfilet darauflegen. Den Lachs und das Gemüse mit reichlich Sauce saucieren. Je 1 Gamba auf jedes Wildlachsfilet legen und die Knusperblätter in das Gemüse stecken.

Alles mit frisch geschrotetem Pfeffer bestreuen und mit etwas frischer Minze garnieren.

WILDLACHS UND GAMBAS AUF KNACKIGEM GEMÜSE MIT KNUSPERBLÄTTERN

Für das Gewürzöl

100 ml Olivenöl extra vergine
2 Knoblauchzehen, geschält und in Scheiben geschnitten
100 ml Sesamöl (aus gerösteter Sesamsaat)

Das Olivenöl erhitzen und die Knoblauchscheiben darin goldgelb ausbacken. Die ausgebackenen Knoblauchscheiben aus dem Öl nehmen und auf Küchenkrepp abtropfen lassen.

Das Olivenöl erkalten lassen, dann mit dem Sesamöl vermengen.

Für das Sashimi

1 ganzer Hamachi-Thunfisch (ca. 2 kg, beste Qualität)
1 Stück Babyingwer, geschält und in Streifen geschnitten
1 EL schwarze Sesamsaat
150 ml heißes Gewürzöl (siehe oben)
2 g Wakame-Algen (erhältlich im Asialaden), in kaltem Wasser eingeweicht und geschnitten
150 ml Ponzusauce (japanische Würzsauce, erhältlich im Asialaden)

Die Filets vorsichtig von der Gräte des Thunfischs lösen. Dabei den Kopf und den Schwanz des Thunfischs an der Mittelgräte belassen.

Die Thunfischfilets säubern, trocken tupfen und in dünne Scheiben schneiden.

Die Mittelgräte säubern, trocken tupfen und die Thunfischscheiben dachziegelartig darauflegen, dann alles auf eine Servierplatte legen.

Die Thunfischscheiben mit den Knoblauchchips (siehe oben), den Ingwerstreifen und der Sesamsaat bedecken. Die Wakamealgen darauflegen und alles mit der Ponzusauce beträufeln. Zum Schluss das wieder gut erhitzte Gewürzöl zügig darübergießen.

Anrichten

Den Fisch auf der Servierplatte zu Tisch bringen, dann auf 4 Teller verteilen.

SASHIMI VOM HAMACHI-THUNFISCH AN DER GRÄTE SERVIERT MIT HEISSEM GEWÜRZÖL UND WAKAMESALAT

Für das Rote-Zwiebel-Ingwer-Dressing

3 rote Zwiebeln
2 Zitronen
30 g Babyingwer, in feine Würfel geschnitten
70 ml Olivenöl extra vergine
70 ml Traubenkernöl
Salz
frisch gemahlener Pfeffer

Die roten Zwiebeln schälen, in feine Würfel schneiden und in kochendem Wasser blanchieren. Die blanchierten und gut abgetropften Zwiebelwürfel mit dem Saft der Zitronen, dem Ingwer, dem Olivenöl und dem Traubenkernöl in eine Schüssel geben und verrühren. Das Dressing mit Salz und Pfeffer abschmecken.

Für das Thunfischsashimi

300 g frischer Thunfisch (Sushiqualität)

Den Thunfisch in 3 cm dicke und 2 cm hohe Balken schneiden.

Die Thunfischbalken mit einem scharfem Messer in 2 mm feine Scheiben schneiden.

THUNFISCHSASHIMI MIT ROTE-ZWIEBEL-INGWER-DRESSING AUF TONNATOCREME

Für die Tonnatocreme

200 g in Öl eingelegter Thunfisch, gut abgetropft
30 g eingelegte Anchovisfilets, gut abgetropft
150 ml Olivenöl extra vergine
2 TL Kapern
1 EL frisch gepresster Zitronensaft
100 ml asiatische Mayonnaise (erhältlich im Asialaden)
100 ml griechischer Joghurt
2 Spritzer Chilisauce
Salz
frisch gemahlener Pfeffer

Alle Zutaten in der Küchenmaschine zu einer glatten Creme verarbeiten. Die Creme mit Salz und Pfeffer abschmecken.

Anrichten

einige Kapern

Auf 4 Teller einen Spiegel mit etwas Tonnatocreme ziehen. Den Thunfisch dachziegelartig darauflegen und mit dem Rote-Zwiebel-Ingwer-Dressing überziehen. Alles nach Belieben mit Kapern garnieren. Die Tonnatocreme separat dazu reichen.

Tipp

Dazu passen geröstetes Baguette oder gebackene Wan-Tan-Blätter.

Linke Seite: Holger Tamm

THUNFISCHSASHIMI MIT ROTE-ZWIEBEL-INGWER-DRESSING AUF TONNATOCREME

1 lebender Hummer (ca. 600 g)
Salz
frisch gemahlener Pfeffer
2–3 EL asiatische Mayonnaise
1 ½ Noriblätter
1 Gurke
etwas süßsauer eingelegter Rettich (erhältlich im Asialaden)
60–80 g gegarter Sushireis
etwas Chicken-Chili-Sauce (süßsaure Geflügelsauce, erhältlich im Asialaden)
½ Packung Tempurateig (ca. 75 g, erhältlich im Asialaden, nach Packungsanleitung zubereitet)
etwas Panko-Mehl (japanisches Paniermehl, erhältlich im Asialaden)
neutrales Pflanzenöl zum Frittieren
etwas Sojasauce
etwas eingelegter Ingwer
etwas Wasabicreme
Salz

Reichlich Wasser in einem großen Topf erhitzen. Den Hummer mit dem Kopf voraus in das siedende Wasser tauchen und mit einem Holzkochlöffel mindestens 2 Minuten unter die Wasseroberfläche drücken. Den Deckel auf den Topf setzen und den Hummer 6 bis 7 Minuten kochen, bis der Panzer gänzlich rot ist.

Das gare Hummerfleisch aus dem Panzer brechen und in kleine Würfel schneiden. Diese in einer Schüssel mit der Asiamayonnaise vermengen, dann salzen und pfeffern.

Ein halbes Noriblatt mit der glänzenden Seite nach unten auf der Arbeitsfläche ausbreiten und die Hummercreme am Blattanfang verteilen. Das Noriblatt fest einrollen.

Die Gurke schälen, entkernen und ein längliches Stück mit 0,5 cm Kantenlänge in der Größe des Noriblatts daraus schneiden.

GEBACKENE SUSHIROLLE MIT HUMMER

Den eingelegten Rettich in Stifte schneiden.

Ein Noriblatt mit der glänzenden Seite nach unten auf der Arbeitsfläche ausbreiten. Das Blatt zu ¾ mit dem gegarten Sushireis belegen, die Hummerrolle am Blattanfang auflegen, das Gurkenstück und die Rettichstifte neben der Hummerrolle auf das Noriblatt legen. Zuletzt einen Streifen Chilisauce auf den Reis setzen und das Blatt straff aufrollen.

Die Rolle durch den flüssig angerührten Tempurateig ziehen und in dem Panko-Mehl panieren. Das Pflanzenöl erhitzen und das Röllchen darin ausbacken. Das fertige Röllchen herausnehmen, auf Küchenkrepp abtropfen lassen, in Scheiben schneiden und mit Sojasauce, Wasabicreme und eingelegtem Ingwer servieren.

Linke Seite: Melanie Lauterborn

GEBACKENE SUSHIROLLE MIT HUMMER

HAUPTSPEISEN MIT FLEISCH UND GEFLÜGEL

4 Knoblauchzehen
4 Zweige Rosmarin, die Nadeln abgezupft
4 Zweige Thymian, die Blättchen gezupft
1 Bund glatte Petersilie, die Blättchen gezupft
2 EL Dijonsenf
100 ml Olivenöl extra vergine
Salz
grob gemahlener Sansibar-Pfeffer
1 Lammrücken (ca. 2 kg, mit Fettsattel und Knochen)

Die Knoblauchzehen schälen und fein hacken. Den Rosmarin, den Thymian und die Petersilie ebenfalls fein hacken und mit dem Dijonsenf und dem Olivenöl zu einer Marinade rühren. Die Marinade mit Salz und grob gemahlenem Sansibar-Pfeffer abschmecken.

Den Lammrücken von den Sehnen befreien und putzen, dabei den Fettsattel am Fleisch belassen. Das Fleisch mit einem scharfen Messer von der Mitte des Lammrückens entlang der Wirbel zu den Rippen schneiden, dabei das Fleisch nicht vollständig vom Knochen lösen. Den Fettsattel ebenfalls mit einem scharfen Messer vom Fleisch lösen, aber nicht ganz trennen. Das Rückenfleisch zwischen den Rückenwirbeln und unter dem Fettsattel mit der Kräutermarinade bestreichen und den Fettsattel wieder zurückklappen. Den Lammrücken mit Salz und Pfeffer würzen. Das Fleisch mit Küchengarn gut zusammenbinden, auf ein Backblech legen und im auf 200 °C vorgeheizten Backofen 20 bis 25 Minuten garen.

Den garen Lammrücken aus dem Ofen nehmen und an einem warmen Ort 15 Minuten ruhen lassen. Dann das Fleisch vollständig vom Knochen lösen und zum Anrichten dekorativ auf den Knochen setzen.

Tipp

Dazu passen Rosmarinkartoffeln und provenzalisches Gemüse.

Rechte Seite: Matthias Emmert

SYLTER LAMMRÜCKEN VOM KEITUMER GÄNSEHOF

Für die Frikadellen

100 g altbackene Brötchen
125 ml Milch
40 g Butter
100 g feine Zwiebelwürfel
¼ Bund glatte Petersilie, gehackt
1 kleine schwarze Trüffel (ca. 20 g)
250 g gehacktes Kalbfleisch
150 g gehacktes Schweinefleisch
100 g gehacktes Rindfleisch (vom US-Beef)
1 ½ EL mittelscharfer Senf
2 Eier
Salz
frisch gemahlener Pfeffer
3 EL neutrales Pflanzenöl
30 g Butter

Die Brötchen in kleine Würfel schneiden und in der lauwarmen Milch einweichen.

Die Butter in einer Pfanne zerlassen und die Zwiebelwürfel darin goldbraun braten. Die Pfanne dann vom Herd nehmen und die Zwiebelwürfel etwas abkühlen lassen. Dann die gehackte Petersilie und die in feine Würfel geschnittene Trüffel unter die Zwiebelwürfel mengen.

Die drei Hackfleischsorten in eine Schüssel geben und mit den eingeweichten Brötchen, der Zwiebel-Petersilien-Mischung, den Eiern und dem Senf gründlich vermengen. Das Hackfleisch mit Salz und Pfeffer abschmecken, dann nochmals durchkneten. Aus dem Hackfleisch mit nassen Händen Frikadellen formen.

Das Öl und die Butter in einer Pfanne erhitzen und die Frikadellen darin bei mittlerer Hitze von beiden Seiten gar braten.

TRÜFFELFRIKADELLEN AUF RAHMKOHLRABI

Für den Rahmkohlrabi

4 Knollen Kohlrabi (mit zartem Grün)
300 ml Sahne
200 ml Fleischbrühe (siehe Grundrezept Seite 293)
Salz
frisch gemahlener Pfeffer
frisch gemahlene Muskatnuss
½ Bund glatte Petersilie, fein gehackt

Das feine Grün der Kohlrabiknollen abzupfen, fein hacken und beiseitestellen. Die Kohlrabiknollen schälen und in feine Stifte schneiden.

Die Kohlrabistifte in kochendem Salzwasser bissfest blanchieren.

Die Sahne mit der Fleischbrühe in einen Topf geben, aufkochen und die Flüssigkeit um die Hälfte reduzieren. Die Mischung dann mit Salz, Pfeffer und Muskatnuss abschmecken.

Die blanchierten Kohlrabistifte in die Sahnesauce geben und die Sauce erneut aufkochen, dann die gehackte Petersilie hinzufügen.

Anrichten

Den Rahmkohlrabi auf 4 Teller verteilen und die Frikadellen daraufsetzen. Alles mit dem gehackten Kohlrabigrün bestreuen.

Linke Seite: David Cichon

TRÜFFELFRIKADELLEN AUF RAHMKOHLRABI

12 g Butter
60 g feine Zwiebelwürfel
15 g Zucker
15 g Sansibars Currypulver
400 g Tomato Pronto (Tomatenwürfel in Tomatensaft, stückelige Dosentomaten)
200 g Tomatenketchup
60 g Essiggurken, fein gewürfelt
12 g Sambal Oelek (indonesische Würzsauce, erhältlich im Asialaden)
5 g Salz
50 ml kräftige Fleischbrühe (siehe Grundrezept Seite 293)
3 EL Obstessig
6 EL neutrales Pflanzenöl
4 Currywürste (ohne Haut, vom Hausmetzger)
4 TL Sansibars Currypulver zum Bestreuen

Die Butter in einer Pfanne zerlassen. Die Zwiebelwürfel darin anschwitzen und mit dem Zucker bestreuen. Dann das Currypulver hineinrühren und mit den Tomaten und dem Ketchup auffüllen. Die Essiggurkenwürfel hineinrühren und die Sauce mit Sambal Oelek und Salz kräftig würzen, dann die Fleischbrühe hineinrühren. Die Sauce zum Schluss mit dem Obstessig pikant abschmecken.

Das Öl in einer Pfanne erhitzen und die Currywürste darin goldgelb braten. Die Currywürste auf Teller geben, mit der Currysauce anrichten und mit je 1 TL Sansibar-Currypulver bestreuen.

Tipp

Dazu passen Bratkartoffeln oder Pommes frites.

Rechte Seite: Torsten Beyer

SANSIBARS CURRYWURST

SANSIBAR

Für die Schnitzel

8 Kalbsschnitzel aus der Hüfte oder dem Rücken (à 100 g)
Salz
frisch gemahlener weißer Pfeffer
etwas Weizenmehl (Type 405)
3 Eier
200 g Semmelbrösel (am besten selbst gemacht)
250 g Butterschmalz

Die Schnitzel vorsichtig plattieren und mit Salz und Pfeffer bestreuen, dann von beiden Seiten mehlieren.

Die Eier verquirlen, leicht salzen und in einen tiefen Teller geben. Die Semmelbrösel auf einem großen Teller verteilen. Die mehlierten Schnitzel erst in den verquirlten Eiern, dann in den Semmelbröseln wenden. Die Panade leicht andrücken.

Reichlich Butterschmalz in einer großen Pfanne erhitzen und die Schnitzel darin goldgelb ausbacken. (Die Schnitzel sind fertig, wenn die Panade leichte »Blasen« wirft.) Die fertigen Schnitzel aus der Pfanne nehmen und zwischen 2 Lagen Küchenkrepp abtropfen lassen.

Für die Rahmkarotten

12 junge Karotten
1 Zwiebel
60 g Butter
Zucker
100 ml Fleischbrühe (siehe Grundrezept Seite 293)
300 ml Sahne
Salz
frisch gemahlener weißer Pfeffer
frisch geriebene Muskatnuss

SANSIBARS WIENER SCHNITZEL

Die Karotten schälen und in 2 mm dünne Scheiben schneiden. Die Zwiebel schälen und in feine Würfel schneiden.

Die Butter in einem Topf zerlassen und die Zwiebelwürfel darin goldgelb anschwitzen, dann mit etwas Zucker bestreuen und leicht karamellisieren lassen. Die Karottenscheiben hinzufügen und 3 Minuten mitschwitzen, dann mit der Fleischbrühe und der Sahne auffüllen. Die Karotten köcheln lassen, bis sie weich sind und die Flüssigkeit eine sämige Konsistenz hat. Die Rahmkarotten dann mit Salz, Pfeffer und Muskatnuss abschmecken und den Topf vom Herd nehmen.

Für das Kartoffelpüree

1 kg mehligkochende Kartoffeln
250 ml Sahne
50 g Butter
Salz
frisch gemahlener weißer Pfeffer
frisch geriebene Muskatnuss

Die Kartoffeln schälen und in reichlich Salzwasser weich kochen.

Die Sahne mit der Butter in einen Topf geben, mit Salz, Pfeffer und Muskatnuss würzen und aufkochen.

Die garen Kartoffeln abschütten, kurz ausdämpfen, dann durch die Kartoffelpresse in die heiße Sahne passieren. Die Mischung locker mit dem Schneebesen vermengen, je nach Stärkegehalt der Kartoffeln noch etwas heiße Sahne hinzufügen, das Püree dann mit Salz, Pfeffer und Muskatnuss abschmecken.

Anrichten

Je 2 Schnitzel auf 4 Teller geben, die Rahmkarotten und das Kartoffelpüree daneben anrichten und servieren.

Für das Brathähnchen

2 küchenfertige Brathähnchen (am besten Maishähnchen, à 1,3 kg)
Salz
edelsüßes Paprikapulver
frisch gemahlener Pfeffer
2 Bund glatte Petersilie
6 Schalotten

Die Hähnchen innen und außen gründlich säubern, trocken tupfen und innen salzen. Die Hähnchen dann außen mit einer Mischung aus Salz, Pfeffer und Paprikapulver einreiben (je 1 Teil Salz und Pfeffer sowie 3 Teile Paprikapulver).

Die Petersilie grob hacken. Die Schalotten häuten und in Streifen schneiden. Die Petersilie und die Schalotten in eine kleine Schüssel geben, etwas Paprikapulver hinzufügen, salzen und gut vermengen.

Diese Füllung in die Hähnchen geben und die Öffnungen mit Küchengarn verschließen. Die Hähnchen im auf 180 °C vorgeheizten Backofen etwa 50 Minuten goldbraun braten. Wenn die Haut zu stark bräunt, die Ofentemperatur reduzieren und die Bratzeit etwas verlängern, bis die Hähnchen gar sind.

Für den Tomatensalat

8 Tomaten
1 Schalotte
2 Zweige Basilikum, die Blätter gezupft
Salz
grober Sansibar-Pfeffer
etwas Traubenkernöl oder Kürbiskernöl
1 Spritzer Obstessig
Zucker

Rechte Seite: Ulrich Althaus

BRATHÄHNCHEN MIT PETERSILIENFÜLLUNG UND TOMATENSALAT

Die Tomaten vom Stielansatz befreien und in kleine Würfel schneiden. Die Schalotte schälen und in Würfel schneiden. Das Basilikum fein hacken. Alles in eine Schüssel geben, salzen und pfeffern, dann nach Belieben Traubenkernöl und Obstessig hinzufügen. Mit Zucker abschmecken.

Für die scharfen Petersilienkartoffeln

8 gegarte festkochende Kartoffeln
3 EL neutrales Pflanzenöl
Salz
frisch gemahlener Pfeffer
Cajungewürzmischung (von Ingo Holland, erhältlich im Feinkosthandel oder im Internet)
½ Bund glatte Petersilie, gehackt
einige Butterflocken

Die Kartoffeln in Würfel von ca. 2 cm Kantenlänge schneiden.

Das Pflanzenöl in einer Pfanne zerlassen und die Kartoffelwürfel darin rundum goldbraun braten, dann mit Salz, Pfeffer und Cajungewürz abschmecken. Dann die gehackte Petersilie unterheben und die Kartoffeln mit einigen Butterflocken bestreuen.

Anrichten

Die Brathähnchen halbieren und auf 4 Tellern anrichten. Die Petersilienkartoffeln dazugeben und den Tomatensalat separat dazu reichen.

Tipp

Der Tomatensalat sieht zwar nicht so schön aus, wenn Sie ihn mit Kürbiskernöl zubereiten, aber er schmeckt – gerade zum Brathuhn – einfach göttlich.

Linke Seite: Dennis Soch

BRATHÄHNCHEN MIT PETERSILIENFÜLLUNG UND TOMATENSALAT

Für die Rossini vom Rind

4 küchenfertige Filetsteaks vom argentinischen Rind (à 220 g)
Salz
frisch gemahlener Pfeffer
2 EL neutrales Pflanzenöl oder Butterschmalz

Die Filetsteaks von beiden Seiten salzen und pfeffern.

Das Pflanzenöl in einer Pfanne erhitzen und die Steaks darin von allen Seiten scharf anbraten (insgesamt ca. 3 bis 4 Minuten). Die Steaks aus der Pfanne nehmen und im auf 180 °C vorgeheizten Backofen 8 Minuten fertig garen. Die Steaks aus dem Ofen nehmen und warm ruhen lassen.

Für den Spinat

50 g Butter
3 Schalotten, geschält und in Würfel geschnitten
200 g Babyspinat, gewaschen und verlesen
Salz
frisch gemahlener Pfeffer
frisch geriebene Muskatnuss

Die Butter in einer Pfanne zerlassen und die Schalottenwürfel darin goldgelb anschwitzen. Den Spinat hinzufügen, einen Deckel auf die Pfanne setzen und den Spinat zusammenfallen lassen, dann mit Salz, Pfeffer und Muskatnuss abschmecken.

ROSSINI
VOM ARGENTINISCHEN RINDERFILET
MIT SPINAT UND TRÜFFELSAUCE

Für die Trüffelsauce

200 ml roter Portwein
150 ml dunkle Grundsauce (siehe Grundrezept Seite 291)
20 g frische Perigord-Trüffel
½ TL Trüffelöl aus schwarzer Trüffel

Den Portwein in einen kleinen Topf geben, aufkochen und dann auf 50 ml reduzieren.

Die dunkle Grundsauce in die Portweinreduktion rühren und aufkochen. Die Trüffel fein hacken und ebenfalls in die Reduktion geben. Die Trüffelsauce mit dem Trüffelöl abrunden.

Für die Gänsestopfleber

4 Scheiben Gänsestopfleber (à 50 g)
Salz
frisch gemahlener Pfeffer
etwas Weizenmehl (Type 405)
30 g Butter

Die Gänsestopfleber salzen, pfeffern und mehlieren. Die Butter in einer heißen Pfanne zerlassen und die Gänsestopfleber darin von beiden Seiten goldbraun braten.

Anrichten

etwas frische Perigord-Trüffel

Den Spinat auf 4 Teller verteilen, je 1 Filetsteak darauf anrichten und je 1 Scheibe Gänseleber darauflegen. Alles mit der Trüffelsauce umgießen und mit einigen Trüffelspänen dekorieren.

Tipp

Als Beilage passt Kartoffelpüree (siehe Rezept »Sansibars Wiener Schnitzel« Seite 218).

Linke Seite: Michael Link

ROSSINI VOM ARGENTINISCHEN RINDERFILET MIT SPINAT UND TRÜFFELSAUCE

Für das Kalbsgeschnetzelte

700 g Kalbsfilet (oder 700 g Kalbsschnitzel)
Salz
frisch gemahlener Pfeffer
3 EL Weizenmehl (Type 405)
50 g Butter
2 Schalotten, geschält und in Würfel geschnitten
100 ml trockener Weißwein
4 Limetten
200 ml dunkler Kalbsfond
200 ml flüssige Sahne
1 EL Butterschmalz
150 g Steinchampignons, geputzt und geviertelt
1 Bund glatte Petersilie, gehackt
1 EL geschlagene Sahne

Das Kalbsfilet in feine Streifen schneiden, salzen, pfeffern und mit 1 EL Weizenmehl mehlieren.

Die Butter in einem Topf zerlassen und die Schalottenwürfel darin glasig dünsten, dann 2 EL Weizenmehl darüberstäuben, verrühren und mit dem Weißwein ablöschen. Den Saft der Limetten hineinrühren und mit dem Kalbsfond und der flüssigen Sahne auffüllen. Die Sauce aufkochen, dann mit Salz und Pfeffer abschmecken.

Das Butterschmalz in einer Pfanne erhitzen und die Kalbfleischstreifen darin scharf anbraten. Die Steinchampignons hinzufügen und kurz mitbraten, dann die Sauce hinzufügen und aufkochen. Zum Schluss die gehackte Petersilie in das Geschnetzelte rühren und die Sauce mit der geschlagenen Sahne vollenden.

KALBSGESCHNETZELTES IN LIMONENRAHMSAUCE MIT STEINCHAMPIGNONS UND SPÄTZLE

Für die Spätzle

250 g Weizenmehl (Type 405)
3 Eier
75 ml Wasser
½ TL neutrales Pflanzenöl
½ TL Salz
frisch geriebene Muskatnuss
frisch gemahlener Pfeffer
½ EL weiche Butter

Das Mehl in eine Schüssel sieben. Die Eier, das Wasser, das Öl, das Salz, etwas Muskatnuss und Pfeffer hinzufügen und den Teig so lange kräftig schlagen, bis er Blasen wirft.

Den Spätzleteig von einem Holzbrett schaben oder durch eine Spätzlepresse in kochendes Salzwasser gleiten lassen. Dabei immer wieder umrühren, damit die Spätzle nicht aneinander kleben bleiben. Die Spätzle, sobald sie an der Wasseroberfläche schwimmen, durch ein Sieb schütten und abtropfen lassen. Etwas Butter darübergeben und etwas Muskatnuss darüberreiben. Nach Belieben mit Salz abschmecken und vermengen.

Anrichten

Das Kalbsgeschnetzelte auf 4 Teller verteilen. Die Spätzle dazu reichen.

Tipp

Wenn man die Spätzle mit Dunstmehl oder doppelgriffigem Weizenmehl zubereitet, werden sie besonders »bissfest«.

Linke Seite: Susanne Schwanitz

KALBSGESCHNETZELTES IN LIMONENRAHMSAUCE MIT STEINCHAMPIGNONS UND SPÄTZLE

Für das Gulasch

600 g Rindfleisch aus der Wade
3 EL neutrales Pflanzenöl oder Butterschmalz
8 mittelgroße Zwiebeln, geschält und in Würfel geschnitten
1 EL edelsüßes Paprikapulver
2 rote Spitzpaprika, entkernt und in kleine Würfel geschnitten
150 g Tomatenmark
375 ml trockener Rotwein
500 ml Fleischbrühe (siehe Grundrezept Seite 293)
etwas fein geriebene Zitronenschale (Bioware)
etwas frisch gepresster Zitronensaft
Salz
frisch gemahlener Pfeffer
Chilipulver

Das Rindfleisch in Würfel von ca. 3 cm Kantenlänge schneiden.

Das Öl in einem großen Topf erhitzen und das Rindfleisch darin portionsweise von allen Seiten braun anbraten. Dann die Zwiebelwürfel hinzufügen und glasig schwitzen. Alles mit dem Paprikapulver bestäuben und vermengen. Anschließend die Paprikawürfel hineingeben und das Tomatenmark hineinrühren.

Das Gulasch mit der Hälfte des Rotweins ablöschen und köcheln lassen, bis der Rotwein einreduziert ist. Dann mit dem restlichen Rotwein ablöschen und erneut reduzieren. Das Gulasch danach mit der Fleischbrühe auffüllen und bei geringer Hitze im geschlossenen Topf 2 Stunden schmoren lassen, bis das Fleisch weich ist. Das fertige Gulasch mit Zitronenabrieb, Zitronensaft, Salz, Pfeffer und Chilipulver pikant abschmecken.

GESCHMORTES VOM ALTENBURGER RIND MIT APFELROTKOHL UND GRATIN VON MORSUMER KARTOFFELN

Für den Apfelrotkohl

25 g Butter
1 Zwiebel, geschält und in Streifen geschnitten
750 g Rotkohl, vom Strunk befreit und fein geschnitten
1 großer säuerlicher Apfel (z. B. Boskop), geschält, entkernt und in dünne Spalten geschnitten
100 g Apfelmus
50 g Preiselbeerkompott
250 ml trockener Rotwein
250 ml Apfelsaft
250 ml kräftige Fleischbrühe (siehe Grundrezept Seite 293)
1 getrocknetes Lorbeerblatt
3 ganze Pimentkörner
1–1 ½ EL Zucker
50 ml alter Aceto balsamico
Salz
frisch gemahlener Pfeffer

Die Butter in einem großen Topf zerlassen und die Zwiebeln darin glasig schwitzen. Dann den Rotkohl, die Apfelspalten, das Apfelmus und 40 g Preiselbeerkompott hinzufügen und mitschwitzen. Anschließend alles mit dem Rotwein ablöschen und mit dem Apfelsaft und der Fleischbrühe auffüllen. Den Rotkohl 30 Minuten einkochen, danach das Lorbeerblatt und die Pimentkörner hinzufügen. Das Rotkraut weitere 20 Minuten köcheln lassen, bis die Flüssigkeit auf ¼ reduziert ist. Das gare Rotkraut mit dem restlichen Preiselbeerkompott, Zucker, Aceto balsamico, Salz und Pfeffer abschmecken. Das Lorbeerblatt und die Pimentkörner entfernen.

GESCHMORTES VOM ALTENBURGER RIND MIT APFELROTKOHL UND GRATIN VON MORSUMER KARTOFFELN

Für das Kartoffelgratin

750 g mehligkochende Kartoffeln
200 ml Sahne
250 ml Milch
1 Zweig Rosmarin
Salz
frisch gemahlener Pfeffer
frisch geriebene Muskatnuss
1 Knoblauchzehe
1 EL weiche Butter
50 g frisch geriebener Parmesan

Die Kartoffeln schälen, waschen und in 2 mm feine Scheiben schneiden oder mit dem Gemüsehobel hobeln.

Die Sahne mit der Milch in einen Topf geben, den Rosmarinzweig hineinlegen und aufkochen. Den Topf vom Herd nehmen und die Mischung mit Salz, Pfeffer und Muskatnuss abschmecken. Den Knoblauch schälen und 4 ofenfeste Gratinformen damit ausreiben, die Gratinformen anschließend ausbuttern.

Die Kartoffelscheiben in die heiße Sahnesauce geben, nach Bedarf nochmals abschmecken, den Rosmarinzweig entfernen und die Mischung auf die 4 Formen verteilen. Die Oberflächen mit frisch geriebenem Parmesan bestreuen.

Die Gratins im auf 180 °C vorgeheizten Backofen (Ober-/Unterhitze) etwa 40 Minuten goldbraun backen.

Anrichten

Das Gulasch auf 4 Teller verteilen, den Apfelrotkohl separat dazu servieren und je 1 Gratin dazu reichen.

GESCHMORTES VOM ALTENBURGER RIND MIT APFELROTKOHL UND GRATIN VON MORSUMER KARTOFFELN

1,2 kg Schweinebraten aus der Schulter (mit Schwarte)
Salz
frisch gemahlener Pfeffer
2 EL mittelscharfer Senf
2 EL flüssiger Honig
1 TL edelsüßes Paprikapulver
2 Zwiebeln
4 Karotten
300 ml dunkle Grundsauce (siehe Grundrezept Seite 291)

Die Schwarte des Schweinefleischs mit einem scharfen Messer gitterförmig einschneiden. Das Fleisch von allen Seiten kräftig mit Salz und Pfeffer einreiben.

Den Senf, den Honig und das Paprikapulver zu einer glatten Marinade rühren. Das Fleisch von allen Seiten mit der Marinade bepinseln.

Die Zwiebeln schälen und in grobe Würfel schneiden. Die Karotten schälen und ebenfalls in grobe Würfel schneiden. Die Gemüsewürfel in ein tiefes Backblech (Fettpfanne) oder einen ofenfesten Bräter legen, 300 ml heißes Wasser angießen und das Fleisch daraufsetzen. Das Schweinefleisch im auf 160 °C vorgeheizten Backofen etwa 3 Stunden gar braten. Dabei immer wieder Wasser angießen, damit das Gemüse nicht am Blech anbrennt. Bräunt die Kruste zu stark, die Ofentemperatur reduzieren.

Kurz vor Ende der Garzeit den Backofengrill anschalten, damit die Schwarte des Schweinebratens schön kross wird und etwas aufplatzt.

Den garen Schweinebraten aus dem Ofen nehmen und etwas ruhen lassen. Das Röstgemüse und den Bratensatz mit der dunklen Grundsauce in einem Topf aufkochen und mit Salz und Pfeffer abschmecken, dann durch ein Sieb passieren.

Anrichten

Das Fleisch in Scheiben schneiden, auf 4 Tellern verteilen, mit der Sauce nappieren und mit grünen Bohnen und Kartoffelknödeln anrichten.

KRUSTENBRATEN VOM SYLTER WATTBLICKSCHWEIN

Für die Rinderschulter

1,2 kg Rinderschulter vom US-Beef (Schaufelstück)
Salz
frisch gemahlener Pfeffer
3 El neutrales Pflanzenöl oder Butterschmalz
4 Schalotten, geschält und in Würfel geschnitten
3 Karotten, geschält und in Würfel geschnitten
½ Knollensellerie, geschält und in Würfel geschnitten
3 EL Tomatenmark
500 ml trockener Rotwein
etwas Speisestärke

Das Rindfleisch von allen Seiten kräftig mit Salz und Pfeffer einreiben.

Das ÖL in einem Bräter erhitzen und das Rindfleisch darin von allen Seiten scharf anbraten, dann die Schalotten-, Karotten- und Selleriewürfel hinzufügen und mitbraten. Das Fleisch aus dem Bräter nehmen, dann das Tomatenmark unter das Röstgemüse rühren.

Das Röstgemüse in drei Schritten mit dem Rotwein ablöschen. Dabei immer erst ein weiteres Drittel des Rotweins angießen, wenn die zuvor angegossene Flüssigkeit verkocht ist. Danach mit 300 ml heißem Wasser auffüllen, das Rindfleisch zurück in den Bräter geben und das Fleisch im zugedeckten Bräter im auf 160 °C vorgeheizten Backofen 3 Stunden schmoren. Den Braten nach Ende der Garzeit aus dem Bräter nehmen und in Alufolie wickeln.

Den Bratensatz durch ein Sieb zurück in den Bräter passieren und mit Salz und Pfeffer abschmecken. Ist die Sauce zu dünn, mit etwas in kaltem Wasser angerührter Speisestärke binden.

Den Braten in ca. 2 cm dicke Tranchen schneiden und diese zurück in die Sauce legen. Dabei darauf achten, dass das Fleisch nur zu ¾ in der Sauce liegt.

SCHULTER VOM US-BEEF UNTER PARMESAN-KRÄUTER-KRUSTE MIT KARTOFFELPÜREE

Für die Parmesankruste

160 g weiche Butter
3 zimmerwarme Eigelb
5 Schalotten, geschält und fein gehackt
120 g geriebenes frisches Weißbrot
1 EL Dijonsenf
80 g frisch geriebener Parmesan
1 Bund glatte Petersilie, sehr fein gehackt
1 Bund Schnittlauch, in ganz feine Röllchen geschnitten
Salz
frisch gemahlener Pfeffer

Die Butter in eine Schüssel geben und mit dem Handrührgerät schaumig aufschlagen, dann die Eigelbe einzeln hinzufügen und weiterschlagen, bis eine gebundene Mischung entstanden ist. Dann die Schalotten, das geriebene Weißbrot, den Senf, den Parmesan und die gehackten Kräuter hinzufügen. Alles mit Hilfe eines Teigschabers zu einer gebundenen, glatten Paste verrühren. Die Paste mit Salz und Pfeffer abschmecken.

Anrichten

etwas frisch gehobelter Parmesan
100 ml weiße Grundsauce (wenn gewünscht, siehe Grundrezept Seite 290)

Auf jede Fleischscheibe 1–2 EL der Parmesanpaste streichen und im auf 190 °C vorgeheizten Backofen etwa 8 Minuten goldbraun gratinieren. Die gratinierten Fleischscheiben auf 4 vorgewärmte Teller geben und mit etwas Bratensauce umgießen. Alles (wenn gewünscht) mit der aufgeschäumten weißen Grundsauce beträufeln und mit gehobelten Parmesanspänen dekorieren.

Tipp

Reichen Sie dazu Ofentomaten (siehe Rezept »Knoblauchspaghetti mit Robiola und Basilikumtomaten« Seite 102) und Kartoffelpüree (siehe Rezept »Sansibars Wiener Schnitzel« Seite 218).

Rechte Seite: Angela Suckau

SCHULTER VOM US-BEEF UNTER PARMESAN-KRÄUTER-KRUSTE MIT KARTOFFELPÜREE

1,2 kg Rinderbrust
Salz
frisch gemahlener Pfeffer
30 g Butterschmalz
200 ml dunkle Grundsauce (siehe Grundrezept Seite 291)
50 g Pflaumenmus
30 g mittelscharfer Senf
Fleur de Sel

Das Rindfleisch von allen Seiten mit Salz und Pfeffer einreiben.

Das Butterschmalz in einer großen ofenfesten Pfanne erhitzen und das Rindfleisch darin von allen Seiten scharf anbraten.

Die dunkle Grundsauce mit dem Pflaumenmus und dem Senf glatt rühren. Das Rindfleisch mit dieser Marinade bestreichen, fest in Alufolie schlagen und in die Pfanne zurückgeben. Das Fleisch im auf 80 °C vorgeheizten Backofen (Ober-/Unterhitze) 7 bis 8 Stunden garen.

Das gare Rindfleisch aus dem Ofen nehmen und aus der Alufolie wickeln. Den Bratensaft auffangen. Den Braten in Scheiben schneiden, mit dem Bratensaft beträufeln und mit etwas Fleur de Sel bestreuen. Das Fleisch zum Beispiel mit Speckbohnen und Kartoffelpüree servieren.

BRUST VOM ALTENBURGER RIND

Für die Lammschulter

1 Lammschulter (ca. 1,5–1,8 kg, mit Knochen)
Salz
frisch gemahlener Pfeffer
4 Schalotten
4 Karotten
½ Knollensellerie
1 Knoblauchzehe
3 EL hoch erhitzbares Pflanzenöl
1 EL Tomatenmark
750 ml trockener Rotwein
400 ml Fleischbrühe (siehe Grundrezept Seite 293)
2 Zweige Rosmarin
etwas kalte Butter

Die Lammschulter von überschüssigem Fett und Sehnen befreien, dann von allen Seiten kräftig mit Salz und Pfeffer einreiben.

Die Schalotten, die Karotten, den Knollensellerie und den Knoblauch schälen und in grobe Würfel schneiden.

Das Pflanzenöl in einer großen und hohen Pfanne oder einem Bräter erhitzen und die Lammschulter darin von allen Seiten scharf anbraten.

Die Lammschulter aus der Pfanne nehmen und das Gemüse zugeben und kurz weiterrösten, dann das Tomatenmark unter das Röstgemüse rühren. Das Röstgemüse mit dem Rotwein ablöschen, dann mit der Fleischbrühe auffüllen. Die Lammschulter wieder in die Pfanne legen, die Rosmarinzweige hinzufügen und die Lammschulter bei geringer Hitze in der geschlossenen Pfanne etwa 2 Stunden schmoren. Das Fleisch nach der Hälfte der Garzeit wenden.

Die Lammschulter nach Ende der Garzeit aus der Pfanne nehmen und in Alufolie wickeln. Den Bratensatz durch ein Sieb in einen Topf passieren und 150 ml für den Wirsing abnehmen. Die restliche Sauce um die Hälfte reduzieren. Die reduzierte Sauce mit Salz und Pfeffer abschmecken und mit etwas kalter Butter montieren.

SCHULTER VOM SYLTER SALZWIESEN-LAMM MIT GESCHMORTEM WIRSING

Für den geschmorten Wirsing

1 kleiner Kopf Wirsing
100 g Speck, fein gewürfelt
1 Butterflocke
150 g Zwiebelwürfel
150 ml Lammsauce (siehe Seite 244)

Den Wirsing halbieren, vierteln, vom Strunk befreien und jedes Viertel in 3 Spalten schneiden.

Die Speckwürfel in einer trockenen Pfanne kross anbraten, dann die Butterflocke, anschließend die Zwiebelwürfel dazugeben und alles goldbraun braten.

Die Wirsingspalten in eine ofenfeste Form legen, mit der Zwiebel-Speck-Schmelze und etwas Lammsauce übergießen und im auf 150 °C (Ober-/Unterhitze) vorgeheizten Backofen etwa 15 Minuten goldbraun und weich garen.

Anrichten

Die Lammschulter aus der Folie nehmen und entlang des Schulterknochens in Tranchen schneiden. Die Tranchen auf 4 vorgewärmten Tellern anrichten und mit der Sauce umgießen. Den Wirsing separat dazu reichen.

Tipp

Dazu passen Bratkartoffeln oder Rosmarinkartoffeln.

Linke Seite: Jan Schaller

SCHULTER VOM SYLTER SALZWIESEN-LAMM MIT GESCHMORTEM WIRSING

DESSERTS

Für die Knusperblätter

1–2 Lagen Strudelteig (aus dem Kühlregal, ca. 100 g)
100 ml geklärte Butter
Puderzucker

Den Strudelteig auseinanderfalten und bei Bedarf auf die Größe des Backblechs zurechtschneiden, mit geklärter Butter bepinseln und auf das mit geklärter Butter bepinselte Backblech legen. Den Strudelteig großzügig mit Puderzucker bestäuben und im auf 180 °C vorgeheizten Backofen so lange backen, bis der Zucker geschmolzen und der Teig goldbraun ist.

Für den Vanillequark

300 g Magerquark, gut abgetropft
2 Vanilleschoten
3 Zitronen
125 g Puderzucker
2 Eiweiß
200 g geschlagene Sahne

Den Magerquark mit dem ausgekratzten Mark der Vanilleschoten, dem Saft der Zitronen und dem gesiebten Puderzucker in eine Schüssel geben und glatt rühren.

Die Eiweiße steif schlagen und vorsichtig unter die Quarkcreme heben, dann vorsichtig die geschlagene Sahne locker unterziehen. (Es muss eine locker-luftige Creme entstehen.)

VANILLEQUARK MIT KNUSPERBLÄTTERN UND BEEREN

Anrichten

125 g frische Himbeeren
250 g frische Erdbeeren
125 g frische Blaubeeren
einige Blättchen frische Minze
etwas Puderzucker

Die Beeren waschen, verlesen und abtropfen lassen. Die Erdbeeren halbieren oder vierteln, die restlichen Beeren ganz lassen. Alle Beeren in eine Schüssel geben und vorsichtig mit etwas gesiebtem Puderzucker vermengen.

Auf 4 Teller je 1 Nocke Vanillequark setzen. Das Knusperblatt in Stücke brechen, je 1 Stück davon auf den Vanillequark geben. Auf jedes Knusperblatt 1 EL der marinierten Beeren verteilen, darauf wieder 1 Nocke Quark, 1 Knusperblatt und 1 EL Beeren. Zum Schluss einige Knusperblattstücke hineinstecken. Alles mit frischer Minze dekorieren, mit gesiebtem Puderzucker bestäuben und servieren.

Linke Seite: Laura Kähler

VANILLEQUARK MIT KNUSPERBLÄTTERN UND BEEREN

1–2 EL Puderzucker
500 ml Milch
½ Päckchen Vanillepuddingpulver
2 Eigelb
30 g Vanillezucker
50 g Kristallzucker
1 Vanilleschote
500 g frische Erdbeeren
250 g geschlagene Sahne (mit 1 TL Vanillezucker steif geschlagen)

2 EL von der Milch abnehmen und mit dem Vanillepuddingpulver und den Eigelben anrühren. Die restliche Milch mit dem Vanillezucker, dem Kristallzucker und dem ausgekratzten Vanillemark in einen Topf geben und aufkochen. Sobald die Milch kocht, den Topf vom Herd nehmen und das angerührte Vanillepuddingpulver kräftig hineinrühren. Den Topf zurück auf den Herd stellen und den Pudding nochmals aufkochen, dabei stetig rühren. Den Topf wieder vom Herd nehmen und den Pudding im zugedeckten Topf erkalten lassen. Dabei den Pudding gelegentlich umrühren.

Die Erdbeeren, ohne die Stielansätze zu entfernen, waschen und abtropfen lassen. Die Erdbeeren dann von den Stielansätzen befreien, vierteln und in eine Schüssel geben. Den Puderzucker darübersieben, vorsichtig vermengen und kurz ziehen lassen.

Den erkalteten Pudding mit dem Handrührgerät luftig aufschlagen. Anschließend die gezuckerte Schlagsahne locker unterheben.

Anrichten

einige Blättchen frische Minze

Die Erdbeeren und den Vanillepudding abwechselnd schichtweise in 4 Gläser füllen und mit etwas frischer Minze dekorieren.

ERDBEERRAGOUT MIT GESCHLAGENER VANILLESAHNE IM GLAS

Für den Baumkuchen

250 g weiche Butter
250 g Kristallzucker
5 zimmerwarme Eier
100 g Marzipanrohmasse, gewürfelt
60 g fein gemahlene blanchierte Mandelkerne
250 g Speisestärke
2 EL brauner Rum
weiche Butter für die Form
Weizenmehl für die Form

Die Butter in eine Schüssel geben und schaumig schlagen. Dann die Eier einzeln unter die schaumige Butter rühren. Den Zucker esslöffelweise hinzufügen und stetig weiterschlagen, bis eine gebundene Masse entstanden ist. Anschließend nacheinander die Marzipanrohmasse, die gemahlenen Mandelkerne und die Speisestärke hineinrühren. Zuletzt den Rum in den Teig rühren. So lange stetig rühren, bis ein glatter Teig entstanden ist.

Eine Kastenform ausbuttern und bemehlen. Etwas Baumkuchenteig so dünn auf den Boden streichen, dass dieser gerade bedeckt ist. Den Teigboden im auf 200 °C (Grillstufe) vorgeheizten Backofen etwa 2 bis 5 Minuten backen. Dabei darauf achten, dass der Teig nicht anbrennt. Mit einem Holzstäbchen immer wieder prüfen, ob der Teig gar ist. Wirft er Blasen, den Teig mit einem Holzlöffel glatt streichen. Sobald der Teig fertig ist, die Form aus dem Ofen nehmen. Auf den gebackenen, noch heißen Boden gleichmäßig 3 EL Teig streichen und mit dieser Schicht verfahren wie mit der ersten. Mit dem restlichen Teig so verfahren, bis alle Schichten fertig sind. Den fertigen Baumkuchen in der Form erkalten lassen, dann mit einem Messer vom Rand der Form lösen und auf ein Kuchengitter stürzen.

WARMER BAUMKUCHEN MIT SCHOKOLADEN-PORTWEIN-SABAYON

Für die Sabayon

50 g Zartbitterschokolade (70 % Kakaogehalt)
2 Eier
4 Eigelb
90 g Kristallzucker
100 ml Apfelsaft
200 ml roter Portwein

Die Schokolade in kleine Stücke hacken und in eine kleine Schüssel geben. Die Schokolade über dem heißen Wasserbad behutsam schmelzen, dabei darauf achten, dass die Schokolade nicht zu heiß wird.

Die Eier mit den Eigelben, dem Zucker, dem Apfelsaft und dem Portwein in eine Schüssel geben und über dem warmen Wasserbad zu einer cremigen Sabayon aufschlagen.

Die flüssige Schokolade in die Sabayon rühren.

Anrichten

etwas süßer Sherry
Kakaopulver zum Bestäuben
einige Blättchen frische Minze

Den lauwarmen Baumkuchen in Würfel schneiden. Diese mit etwas Sherry beträufeln und mit Kakaopulver bestäuben. Die Baumkuchenwürfel auf 4 Tellern anrichten, mit der Schokoladen-Portwein-Sabayon übergießen und mit einigen Minzeblättchen garnieren.

Tipp

Dazu passen marinierte Orangenfilets und Marillenmarmelade.

Rechte Seite: Jasmina Ben-Slimane

WARMER BAUMKUCHEN MIT SCHOKOLADEN-PORTWEIN-SABAYON

SANSIBAR
SYLT
CURRYWURSTSAUCE

1 Thaimango
2–3 EL brauner Rohrzucker
400 ml ungesüßte Kokosmilch (aus dem Tetrapak)
100 g Puderzucker
2 Limetten

Die Mango schälen, das Fruchtfleisch vom Kern schneiden. Die großen Mangostücke auf einer feuerfesten Unterlage (Backblech) ausbreiten und mit dem braunen Rohrzucker bestreuen. Den Zucker mit dem Bunsenbrenner karamellisieren. Die gebrannten Mangostücke in Scheiben schneiden.

Die Kokosmilch mit dem Puderzucker und dem Saft der Limetten in der Küchenmaschine zu einer dicklichen Creme aufmixen.

Die Kokoscreme auf 4 Teller verteilen und die gebrannten Mangostücke fächerförmig darauf anrichten.

GEBACKENE THAIMANGO IM KOKOSSCHAUM

Für die Schokoladenmousse mit eingelegten Orangen

250 g dunkle Kuvertüre (66 % Kakaogehalt)
125 g Eigelb
125 g Kristallzucker
750 g geschlagene Sahne
1 Orange
1–2 EL brauner Zucker

Die Kuvertüre in Stücke hacken, in eine Metallschüssel geben und langsam über dem warmen Wasserbad schmelzen.

Die Eigelbe mit dem Zucker schaumig schlagen, dann die flüssige Kuvertüre unterziehen. Anschließend die geschlagene Sahne unterheben und die Mousse kalt stellen.

Die Orangen schälen, von allen weißen Häutchen befreien und in Scheiben schneiden.

Den Zucker in einem kleinen Topf karamellisieren, dann die Orangenscheiben darin wenden, bis sich der Karamell etwas löst. Die karamellisierten Orangenscheiben in dem Karamell abkühlen lassen.

DESSERTTRIO MIT SCHOKOLADENMOUSSE, CRÈME BRÛLÉE UND TIRAMISU IM BAUMKUCHEN

Für die Crème brûlée

330 ml Sahne
½ Vanilleschote
50 g Eigelb
2 EL Crème fraîche
30 g Kristallzucker
2–3 EL brauner Zucker

Die Sahne mit dem ausgekratzten Vanillemark und der Vanilleschote in einen Topf geben und aufkochen, dann die Vanilleschote entfernen.

Die Eigelbe mit der Crème fraîche und dem Kristallzucker in einer Schüssel verquirlen und langsam in die warme Vanillesahne rühren. Die Mischung unter Rühren erhitzen, bis sie leicht dick wird. Die Creme dann in 4 niedrige ofenfeste Förmchen oder kleine Tassen füllen, in eine ca. 2 cm hoch mit heißem Wasser gefüllte Fettpfanne stellen und im auf 120 °C vorgeheizten Backofen 40 Minuten garen. Die fertigen Cremes aus dem Ofen nehmen und abkühlen lassen, dann mit Frischhaltefolie bedecken und am besten über Nacht erkalten lassen.

Die Cremes kurz vor dem Servieren mit dem braunen Zucker bestreuen und mit dem Bunsenbrenner karamellisieren.

Für das Tiramisu

125 g Eigelb
50 g Kristallzucker
12 g Vanillezucker
1 Blatt weiße Gelatine
½ EL Grand Marnier
190 g Mascarpone
125 g Eiweiß
50 ml Kahlúa oder Tia Maria (Kaffeelikör)
200 ml kalter Espresso
15 Löffelbiskuits
1 erkalteter Baumkuchen (siehe Rezept »Warmer Baumkuchen mit Schokoladen-Portwein-Sabayon« Seite 259)

DESSERTTRIO MIT SCHOKOLADENMOUSSE, CRÈME BRÛLÉE UND TIRAMISU IM BAUMKUCHEN

Die Eigelbe mit der Hälfte des Zuckers und dem Vanillezucker in der Küchenmaschine schaumig schlagen.

Die in kaltem Wasser eingeweichte und ausgedrückte Gelatine in dem Grand Marnier auflösen, dann in die Eigelb-Zucker-Mischung rühren.

Den Mascarpone esslöffelweise in die Eiercreme rühren.

Die Eiweiße mit dem restlichen Zucker steif schlagen. Den Eischnee unter die Mascarponecreme ziehen.

Den Kahlúa (oder Tia Maria) und den Espresso vermischen und die Löffelbiskuits einzeln darin tränken.

Eine Terrinenform mit Frischhaltefolie auskleiden. Den Baumkuchen in dünne Scheiben schneiden und die Form damit auslegen. Den Boden der mit Baumkuchen ausgelegten Terrinenform mit den Löffelbiskuits bedecken. Die Hälfte der Mascarponecreme gleichmäßig auf die Lage Löffelbiskuits streichen. Auf die Mascarponecreme erneut eine Lage getränkter Löffelbiskuits setzen. Darauf wieder eine gleichmäßige Schicht Mascarponecreme streichen. Den Vorgang wiederholen, bis alle Zutaten aufgebraucht sind. Die Terrine mindestens 1 Stunde im Kühlschrank durchkühlen lassen.

Anrichten

einige Minzeblättchen

Auf 4 kleine Dessertteller je 1 karamellisierte Orangenscheibe legen und je 1 Nocke Schokoladenmousse daraufgeben. Mit etwas Minze dekorieren.

Das Tiramisu aus der Form stürzen, von der Folie befreien, in Stücke schneiden und auf 4 kleinen Desserttellern anrichten.

Die Crème-brûlée-Förmchen ebenfalls auf 4 kleinen Desserttellern anrichten.

Je 1 Teller jedes Desserts zu einem Trio zusammenstellen und servieren.

Für den Schokoladencrumble

300 g Schokolade (66 % Kakaogehalt)
2 EL weiche Butter für die Formen
100 g weiche Butter
100 g Weizenmehl (Type 405)
100 g Kristallzucker
8 kleine Kugeln Vanilleeis

Die Schokolade in Stücke brechen, in eine kleine Schüssel geben und über dem warmen Wasserbad schmelzen.

8 Halbkugelformen (8 cm Durchmesser) mit der weichen Butter (2 EL) ausfetten. Die flüssige Schokolade kreisförmig auf 8 Lagen Klarsichtfolie streichen, diese bestrichenen Folienstücke in die Halbkugeln gleiten lassen und die Schokolade erkalten lassen.

Die weiche Butter (100 g) in eine Schüssel geben, das Mehl und den Zucker hinzufügen und mit den Händen zu feinen Streuseln verarbeiten. Die Streusel auf ein mit Backpapier bedecktes Backblech krümeln und im auf 180 °C vorgeheizten Backofen (Ober-/Unterhitze) etwa 15 Minuten goldbraun backen. Die fertigen Streusel erkalten lassen.

Die erkalteten Streusel auf die 8 Halbkugelformen verteilen. Jeweils 1 Kugel Vanilleeis daraufsetzen und je 2 Halbkugeln zu einer ganzen Kugel zusammensetzen. Die Kugeln etwa 10 Minuten im Gefrierfach erkalten lassen.

GEEISTER SCHOKOLADENCRUMBLE

Für die Rotweinkirschen

300 g Kirschen, abgetropft und entsteint (aus dem Glas)
150 ml trockener Rotwein
75 g Kristallzucker
1 EL feine Speisestärke

Die Hälfte der Kirschen mit dem Rotwein und dem Zucker in einen Topf geben und aufkochen.

Die Speisestärke mit 4 EL kaltem Wasser anrühren und in die kochenden Kirschen rühren. Die Kirschen unter stetigem Rühren 3 bis 4 Minuten weiterkochen lassen, dann die restlichen Kirschen hineinrühren und den Topf vom Herd nehmen. Die Rotweinkirschen nach Belieben nochmals mit Zucker abschmecken.

Anrichten

200 g dunkle Vollmilchschokolade (45–50 % Kakaogehalt)
einige Blättchen frische Minze

Die Schokolade in kleine Stücke hacken und in eine kleine Schüssel geben. Die Schokolade über dem heißen Wasserbad behutsam schmelzen, dabei darauf achten, dass die Schokolade nicht zu heiß wird.

Die Schokoladenkugeln aus dem Gefrierfach nehmen und kurz in ein warmes Tuch wickeln, damit sich die Form von der Klarsichtfolie löst. Die Klarsichtfolie entfernen, die geeisten Crumbles auf 4 Teller setzen, mit der flüssigen Schokolade übergießen, mit den Rotweinkirschen anrichten und mit etwas frischer Minze dekorieren.

Linke Seite: Claus Fritz

GEEISTER SCHOKOLADENCRUMBLE

7 süßsäuerliche Äpfel (z. B. Braeburn)
250 g weiche Butter
5 Eier
250 g Kristallzucker
250 g Weizenmehl (Type 405)
½ TL Backpulver
½ Zitrone (Bioware)
½ Orange (Bioware)
100 g Mandelblättchen
25 ml brauner Rum
1 Päckchen Vanillezucker
75 g brauner Zucker
weiche Butter für das Blech
Weizenmehl für das Blech

Die Äpfel schälen, von den Kerngehäusen befreien und in dünne Spalten schneiden.

Die Butter in eine Schüssel geben und schaumig schlagen. Erst den Zucker, dann jedes Ei einzeln hinzufügen. Anschließend das Mehl und das Backpulver hineinrühren und rühren, bis ein gebundener Teig entstanden ist.

Die Apfelspalten in einer Schüssel mit der fein geriebenen Zitronen- und Orangenschale, den Mandelblättchen, dem Rum, dem Vanillezucker und dem braunen Zucker vermengen.

Ein Drittel des Teigs auf ein gefettetes und bemehltes Backblech mit hohem Rand streichen. Darauf die Hälfte der Apfelspalten geben. Auf die Apfelspalten das zweite Drittel des Teigs streichen. Darauf die restlichen Apfelspalten verteilen und mit dem letzten Drittel des Teigs bedecken.

Den Apfelkuchen im auf 160 °C vorgeheizten Backofen etwa 90 Minuten goldbraun backen.

Rechte Seite: Holger Tamm

APFELKUCHEN

SANSIBAR
Pirates Cooking

130 g Eigelb
100 g Kristallzucker
200 ml Vollmilch (3,5 % Fettgehalt)
10 ml Grand Marnier
etwas fein geriebene Zitronenschale (Bioware)
etwas fein geriebene Orangenschale (Bioware)
130 g Eiweiß
160 g Weizenmehl (Type 405)
50 g Mandelblättchen
Butter oder Butterschmalz zum Ausbacken
etwas Puderzucker

Die Eigelbe mit 60 g Zucker schaumig schlagen, dann die Milch hinzufügen und den Grand Marnier, den Zitronenabrieb und den Orangenabrieb hineinrühren. Dann das gesiebte Mehl unterheben.

Die Eiweiße mit dem restlichen Zucker (40 g) zu steifem Schnee schlagen. Den Eischnee locker unter den Teig mengen.

Die Butter oder das Butterschmalz bei mittlerer Hitze in einer Pfanne erhitzen und eine ca. 1,5 cm hohe Schicht Teig hineingeben. Wenn die Unterseite dieses Pfannkuchens leicht gebräunt ist, den Pfannkuchen wenden und die Hälfte der Mandelblättchen hinzufügen. Sobald der Teig fest wird, den Pfannkuchen mit Hilfe von zwei Gabeln in Stücke reißen. Den fertigen Schmarrn warm stellen und den restlichen Teig ebenso ausbacken.

Den Kaiserschmarrn mit Puderzucker übersieben und servieren.

Tipp

Dazu passen Apfelkompott, Preiselbeersahne, Vanilleeis und rote Grütze.

Linke Seite: Christian Bereczki

KAISERSCHMARRN

GETRÄNKE

270

250 g Erdbeeren
40 g Kristallzucker
300 ml guter, trockener, kalter Weißwein
100 ml kalter Erdbeerwein
300 ml kalter Prosecco
etwas frische Minze

Die Erdbeeren waschen, trocken tupfen, von den grünen Stielansätzen befreien und der Länge nach vierteln. Die Erdbeerviertel in eine Schüssel geben, mit dem Zucker bestreuen und etwa 30 Minuten im Kühlschrank ziehen lassen.

Den Weißwein und den Erdbeerwein über die Erdbeeren geben und alles weitere 30 Minuten im Kühlschrank ziehen lassen.

4 große Weingläser je zur Hälfte mit der Erdbeerbowle füllen und mit Prosecco auffüllen. Jedes Glas mit einigen Minzeblättchen dekorieren und sofort servieren.

ERDBEERBOWLE

2 Bund frische Minze (im »Sansibar« nehmen wir nur Minze aus Herberts Garten, darum gibt's den Minztee nur von Mai bis Oktober)
200 g Kristallzucker
12 Limetten
reichlich Eiswürfel
4 Limettenscheiben zum Garnieren

In einem großen Topf 1 l Wasser aufkochen und die Minze hineingeben. (Dabei einige schöne Blätter zum Anrichten zurückbehalten.) Den Topf vom Herd nehmen und den Tee 20 Minuten ziehen lassen.

Den Zucker und den frisch gepressten Saft von 10 Limetten hinzufügen und rühren, bis sich der Zucker aufgelöst hat.

Den Minztee durch ein Sieb gießen und kalt stellen.

4 große Gläser mit Eiswürfeln füllen, den frisch gepressten Saft von je ½ Limette hinzufügen, dann mit dem kalten Minztee auffüllen. Jedes Glas mit 1 Zweig Minze und 1 Limettenscheibe garnieren und sofort servieren.

MINZTEE

GRUNDREZEPTE

Ergibt ca. 750 ml

100 g Butter
100 g Schalotten, geschält und in Würfel geschnitten
100 g Staudensellerie, geputzt und in Würfel geschnitten
100 g Fenchel, geputzt und in Würfel geschnitten
50 g Champignons, geputzt und halbiert
3 Zweige Zitronenthymian, gehackt
20 g Weizenmehl (Type 405)
600 ml kräftiger Geflügelfond (siehe Grundrezept Seite 294)
500 ml Sahne
1 Zitrone
Salz
frisch gemahlener weißer Pfeffer

Die Butter in einem großen Topf zerlassen. Das Gemüse und den Thymian darin anschwitzen.

Das Mehl darüberstäuben und gut verrühren, dann mit dem Geflügelfond auffüllen.

Die Sauce köchelnd auf die Hälfte reduzieren, dann mit der Sahne auffüllen und aufkochen.

Die Sauce mit dem frisch gepressten Saft der Zitrone, Salz und Pfeffer abschmecken, dann mit dem Stabmixer aufmixen. Die Sauce durch ein feines Sieb streichen und nochmals mit Salz und Pfeffer abschmecken.

Tipp

Die weiße Grundsauce lässt sich in einem bedeckten Gefäß problemlos einige Tage im Kühlschrank aufbewahren oder kann portionsweise eingefroren werden.

WEISSE GRUNDSAUCE

Ergibt ca. 750 ml

3 EL neutrales Pflanzenöl
2,5 kg Rinderknochen (beim Metzger vorbestellen)
2 ½ Karotten, geschält und grob geschnitten
100 g Knollensellerie, geschält und grob geschnitten
5 Schalotten, geschält und grob geschnitten
5 Champignons, geputzt und halbiert
50 g Tomatenmark
500 ml trockener Rotwein
1,5 l Fleischbrühe (siehe Grundrezept Seite 293)
1 frisches Lorbeerblatt
1 Zweig Rosmarin
Salz
frisch gemahlener Pfeffer
20 g kalte Butterflocken oder 1 TL Speisestärke

Das Pflanzenöl in einem großen Topf erhitzen und die Rinderknochen portionsweise darin goldbraun anrösten. Das Gemüse hinzufügen und mitrösten, dann das Tomatenmark hineinrühren.

Alles mit dem Rotwein ablöschen. Sobald der Rotwein vollständig verkocht ist, die Fleischbrühe hinzufügen und etwa 2 Stunden köcheln lassen. Gegen Ende der Einkochzeit das Lorbeerblatt und den Rosmarinzweig hinzufügen.

Die Sauce durch ein Sieb gießen, nochmals aufsetzen und auf weniger als die Hälfte reduzieren, dann mit Salz und Pfeffer abschmecken.

Die Sauce unmittelbar vor dem Anrichten mit den kalten Butterflocken montieren oder mit der in kaltem Wasser angerührten Speisestärke sämig binden.

Tipp

Die dunkle Grundsauce lässt sich in einem bedeckten Gefäß problemlos einige Tage im Kühlschrank aufbewahren oder kann portionsweise eingefroren werden.

DUNKLE GRUNDSAUCE

Ergibt ca. 2 l

40 g Butter
750 g Fischkarkassen von weißfleischigen Fischen, gewässert (beim Fischhändler vorbestellen)
500 g Hummer- oder Scampischalen (beim Fischhändler vorbestellen)
3 Schalotten, geschält und grob gewürfelt
2 Stangen Staudensellerie, geputzt und grob geschnitten
½ Stange Lauch, geputzt und grob geschnitten
500 ml trockener Weißwein
50 ml Pernod (französischer Anisgeist)
1–2 Zweige Zitronenthymian
1–2 frische Lorbeerblätter
10 weiße Pfefferkörner
Salz
frisch gemahlener Pfeffer

Die Butter in einem großen Topf zerlassen und die Hummer- bzw. Scampischalen darin leicht anrösten.

Das Gemüse hinzugeben und mitschwitzen. Dann mit dem Weißwein und dem Pernod ablöschen. Den Fond mit 2 l kaltem Wasser auffüllen und die Fischkarkassen hinzufügen. Den Fond aufkochen und im offenen Topf 40 Minuten leicht köcheln lassen (am besten nur ziehen lassen), dabei immer wieder den Schaum abschöpfen, dann die Gewürze hinzufügen.

Den Fond weitere 20 Minuten ganz leicht köcheln lassen. Den Fond mit Salz und Pfeffer abschmecken und durch ein Tuch passieren.

Tipp

Der Fischfond lässt sich in einem bedeckten Gefäß problemlos einige Tage im Kühlschrank aufbewahren oder kann portionsweise eingefroren werden.

FISCHFOND

Ergibt ca. 2 l

500 g Fleischknochen (beim Metzger vorbestellen)
750 g Rindfleisch (Brust oder Schaufelbug)
2,5 l Wasser
Salz
1 Karotte, geschält und grob geschnitten
50 g Sellerieknolle, geschält und grob geschnitten
½ Stange Lauch, geputzt und grob geschnitten
1 Zwiebel, ungeschält, halbiert und im Backofen goldbraun geschmort
1 Zweig Thymian
1 frisches Lorbeerblatt
frisch gemahlener Pfeffer

Die Fleischknochen und das Rindfleisch in einen großen Topf geben, mit kaltem Wasser auffüllen und zum Kochen bringen, dann leicht salzen.

Die Brühe 40 Minuten kochen lassen, dabei immer wieder den Schaum abschöpfen.

Dann das Gemüse hinzufügen und die Brühe weitere 1 ½ Stunden im geschlossenen Topf köcheln lassen. Die Brühe nicht zu stark kochen lassen, da sie sonst trüb wird.

Gegen Ende der Kochzeit die Gewürze hinzufügen, die Brühe mit Salz und Pfeffer abschmecken und durch ein Sieb gießen.

Tipp

Die Fleischbrühe lässt sich in einem bedeckten Gefäß problemlos einige Tage im Kühlschrank aufbewahren oder kann portionsweise eingefroren werden.

FLEISCHBRÜHE

Ergibt ca. 2 l

1 ganzes küchenfertiges Suppenhuhn
2,5 l Wasser
3 Schalotten, geschält und grob geschnitten
1 Stange Staudensellerie, geputzt und grob geschnitten
Salz
frisch gemahlener Pfeffer

Das Suppenhuhn in einen großen Topf geben, mit kaltem Wasser auffüllen und das Wasser zum Kochen bringen. Alles 1 Stunde köcheln lassen, dabei immer wieder den Schaum abschöpfen.

Die Haut des Suppenhuhns an Brust und Keule mit einem Messer ca. 1 cm tief ins Fleisch einritzen. Dann das Gemüse hinzufügen. Den Fond 1 Stunde nur leicht weiterköcheln lassen, da er sonst trüb wird. Nach Ende der Kochzeit das Suppenhuhn aus dem Fond nehmen.

Den Fond durch ein Sieb gießen, mit Salz und Pfeffer abschmecken und erkalten lassen. Vom erkalteten Fond das Fett abnehmen.

Tipp

Der Geflügelfond lässt sich in einem bedeckten Gefäß problemlos einige Tage im Kühlschrank aufbewahren oder kann portionsweise eingefroren werden.

GEFLÜGELFOND

Ergibt ca. 700 ml

300 ml kräftige Fleischbrühe (siehe Grundrezept Seite 293)
50 ml Orangensaft
100 ml Tafelessig
100 ml junger Aceto balsamico
100 ml Weißweinessig (von Robert Bauer, erhältlich im Feinkosthandel oder im Internet)
70 ml Apfel- oder Birnenessig
3 TL Maggi-Würze
3 TL Zucker
1 TL Salz
frisch gemahlener Pfeffer

Alle flüssigen Zutaten in eine Schüssel geben und mit Zucker, Salz und Pfeffer abschmecken.

Info: Dieses Dressing wird als Grundrezept ohne Öl zubereitet. Das Öl wird je nach Verwendung und Geschmack erst kurz vor dem Servieren hinzugefügt.

Tipp

Dieses Dressing lässt sich in einem bedeckten Gefäß problemlos einige Tage im Kühlschrank aufbewahren.

SANSIBARS HAUSDRESSING

Hoch im Norden, hinter den Deichen bin ich geboren,
immer nur Wasser, ganz viele Fische,
Möwengeschrei und Meeresrauschen in meinen Ohren,
und mein Vater war Schipper, der fluchte, wenn Sturm war,
dann konnt' er nicht raus auf See,
dann ging er zu Herrn Hansen, der der Chef vom Leuchtturm war
und der sagte: keine Panik auf der Titanic,
jetzt trinken wir erst mal einen Rum mit Tee.

Und ich verbrachte meine Tage am Nordseedünenstrand,
bin jahrelang tagtäglich am Deich entlanggerannt,
und meine Mutter brachte jeden Tag und freitags ganz besonders
Muschelzeug und Fisch auf den Tisch.

Ja es war ja auch ganz schön, und das Klima ist gesund,
und doch hab ich mir gedacht:
hier wirst du auf die Dauer nur Schipper oder Bauer,
hier kommt man ganz allmählich auf den Seehund,
und als ich so um 16 war, da hatte ich genug,
da nahm ich den nächstbesten nach Süden fahrenden Zug.

Nun sitz ich hier im Süden, und so toll ist es hier auch nicht,
und eine viel zu heiße Sonne knallt mir ins Gesicht,
nein das Gelbe ist es auch nicht,
und ich muss so schrecklich schwitzen,
ach wie gern würde ich mal wieder
auf einer Nordseedüne sitzen.

»HOCH IM NORDEN« VON UDO LINDENBERG

Ahoi Herbert !
und Helga

DAS GLÜCK ERARBEITET VON JOACHIM HUNOLD

Wenn ich den Begriff »perfekter Gastgeber« personifizieren sollte, müsste ich nicht lange nachdenken. Für mich ist das Herbert Seckler. Ein Mann, der nichts dem Zufall überlässt. Ein Perfektionist, der trotz seines enormen geschäftlichen Erfolges bescheiden und liebenswürdig geblieben ist. Ein Typ zum Anfassen. Und doch einer, den eine besondere Aura umgibt, etwas Rätselhaftes, Unergründliches.

Mein erster Besuch im »Sansibar« mag zwölf oder dreizehn Jahre zurückliegen. Das Lokal in den Dünen zwischen Rantum und Hörnum war mir auf Anhieb sympathisch. Es erinnerte mich an meine Schulzeit, als ich regelmäßig mit meinen Eltern die Ferien an der niederländischen Nordseeküste verbrachte. Im »Sansibar« ging es genauso leger und unkompliziert zu – nur das Essen war hier noch besser. Dass sich Kinder so wohlfühlen, macht das »Sansibar« für Eltern noch anziehender. Über dem Lokal weht ja ganzjährig die Piratenflagge, da können die Kleinen ganz offiziell Seeräuber spielen. Und wenn sie anstatt eines Gourmetessens nur »Pommes rot-weiß« haben wollen, ist das auch kein Problem.

Alfred Weiss, der damalige Vorstandsvorsitzende der Dorint-Hotelgesellschaft, machte mich mit Herbert Seckler bekannt. Als ich seine opulenten Vorspeisen und den vorzüglichen Nordseebutt mit Sahnekarotten und Sahnekartoffeln lobte, machte ihn das verlegen. Gutes Essen, so meinte er, sei doch eine Selbstverständlichkeit.

Freimütig erzählte er von der Geschichte seines Unternehmens. Im Jahr 1978 hatte er mit einem Kiosk angefangen, in dem es Bockwurst und Pommes sowie rote Grütze und Milchreis gab. Für 200 000 Mark habe er den Laden seinerzeit auf Pump gekauft. Ihm, dem sparsamen Schwaben, war das offensichtlich peinlich. Im ersten Jahr machte er 80 000 Mark Umsatz. Heute ist das ein Tagesumsatz.

»Ich habe einfach Glück gehabt«, behauptete Herbert. Damit spielte er auf die beiden Prominenten an, die sich Anfang der Achtzigerjahre in seine Strandbude verirrt hatten: auf Gunter Sachs und Peter Boenisch. Der eine Millionenerbe, Playboy und Künstler, der andere einflussreicher Journalist. Beide waren wohl der Grundstock dafür, dass das »Sansibar« heute auch Deutschlands bekanntester Prominententreffpunkt ist. Allerdings einer, in dem die berühmten Leute nicht besser behandelt werden als andere Gäste. Gerade das ist es wohl, was den Unterschied zu vielen

Linke Seite: Kampen – Blick auf den alten Bahndamm und auf Dünen

anderen selbsternannten Nobelherbergen ausmacht. Wenn die Plätze ausgebucht sind, zieht bei Herbert auch der bekannteste Name nicht mehr.

Das »Sansibar« ist auch eine Anlaufstelle für Gleichgesinnte, die sich nicht verabredet haben. Egal, wann ich hingehe, immer treffe ich jemanden, den ich kenne und mit dem ich ins Gespräch komme. Es sind Leute, die auf derselben Wellenlänge funken. Die aber auch ein Gespür dafür haben, wenn ich keine Lust auf Kommunikation habe, sondern nur Wind und Wellen vor den Fenstern genießen möchte.

»Nichts wichtig nehmen – weder mich noch die Gäste«, lautet Herberts Motto. Dass er seine Gäste nicht wichtig nehmen würde, halte ich allerdings für Koketterie. Richtig muss es wohl heißen: Herbert Seckler nimmt jeden Gast wichtig. Er selbst sagt über sein Restaurant: »Es gibt bessere Lokale, aber keines mit besseren Gästen.« Wobei das mit den besseren Lokalen auch noch tiefgestapelt ist. Das »Sansibar« wurde bis heute mit keinem Michelin-Stern dekoriert, obwohl es den mit seinem Essen längst verdient hätte. Es bekommt den Stern nicht, weil sich Herbert Seckler nicht in das Korsett der Gastrokritiker pressen lassen will. Beispielsweise will er die Tische nicht fein eindecken lassen, sondern alles so gemütlich lassen, wie es ist.

Dabei könnte sich der Inhaber so manches hochgelobten Gourmettempels bei Herbert Seckler eine Scheibe abschneiden. Die Qualität und Frische der verarbeiteten Produkte sowie die Abläufe in der Küche und beim Service sind absolut perfekt. Alles ist bis ins kleinste Detail durchdacht. An guten Tagen werden im »Sansibar«, das drinnen und draußen über jeweils 180 Plätze verfügt, bis zu 3000 Essen angerichtet. Die Gäste werden abends in drei Schichten bedient; ab 18 Uhr, ab 20 Uhr und ab 22 Uhr. In der dritten Runde bekommt man oft sogar ohne Reservierung noch einen Platz.

Ich gehöre eher zu denen, die alle drei Schichten durchhalten. Und die das Lokal am gemütlichsten finden, wenn es sich allmählich zu leeren beginnt – kurz vor Mitternacht. Dann ist der harte Kern der »Sansibar«-Fans unter sich. Dann kann man auch noch mal das Glas auf Herbert heben, der wahrscheinlich schon längst den Schlaf der Gerechten schläft. Doch er wird ja gut vertreten.

DAS GLÜCK ERARBEITET VON JOACHIM HUNOLD

Die Kellnerinnen und Kellner zeichnen sich nicht nur durch Professionalität, sondern auch durch Freundlichkeit aus. Damit sie sich wohlfühlen, gestattet ihnen Herbert im Dienst sogar das Tragen ihrer privaten Kleidung. Der Wirt hat ihnen nur klargemacht, dass Gastfreundschaft Freundlichkeit gegenüber dem Gast bedeutet. Und weil sie auch nett zu Kindern sind, kommen auch viele Familien.

Für mich und meine Familie ist das »Sansibar« das zweite Wohnzimmer, wenn wir auf der Insel sind. Wenn ich keine anderen Verpflichtungen habe, gehe ich während des Urlaubs fast täglich zu Herbert. Sein Speisenangebot ist so reichhaltig, dass man praktisch vier Wochen lang jeden Abend etwas anderes essen kann. Und um sich durch seine Weinkarte zu trinken, bräuchte man wahrscheinlich Jahre.

Der unscheinbare Mann betreibt nämlich nicht nur ein florierendes Restaurant, sondern auch eine der größten deutschen Weinhandlungen. Weil er auch in diesem Geschäft Wert auf Qualität legt, ist er seit Jahren auch der Weinlieferant von Air Berlin. Und die Gourmetessen, die wir zur Freude unserer Gäste an Bord servieren, hat er auch kreiert. Wie erfolgreich der Unternehmer Herbert Seckler ist, kann man auch an der stetig wachsenden Zahl der »Sansibar«-Shops in deutschen Großstädten ermessen. Die Marke »Sansibar« ist heute Kult. Sie steht nicht mehr nur für Essen und Trinken, sondern auch für viele modische Accessoires.

Nein, Herbert Seckler hat kein Glück gehabt. Er hat sich sein Glück hart erarbeitet. Und weil er dabei auf dem Teppich geblieben ist, wird es wohl noch lange anhalten. Herbert und ich – wir sind längst Freunde geworden. Wir reden manchmal stundenlang miteinander. Über unsere Unternehmen, wie wir den Service verbessern können – oder einfach über Gott und die Welt. Die in den Rantumer Dünen ausruhen darf.

ÜBER DIE HARMONIE
VON CLAUS JACOBI

Der Schwabe Herbert Seckler hat sein Glück an der See gefunden. Tags arbeitet er am Meer, nachts schläft er am Watt. Sein Restaurant »Sansibar« auf Sylt ist ein Lebenswerk, wie es nicht vielen gelingt. Gerade erst eröffnete Seckler eine »Sansibar«-Dependance in Moskau mit Blick auf den Roten Platz. Selbst mit originellen Textilien, die er seit einiger Zeit so nebenbei verkauft, hat er inzwischen ein kleines Vermögen verdient. Wir aßen einmal zusammen in Londons mondänem »Annabel's« zur Nacht. »Manche mögen's mögen«, war alles, was er zu dem Tempel zu sagen hatte. So treuherzig seine Augen blicken, Talmi erkennen sie sofort.

Das Verlagshaus Bauer hat dem Schwaben schon 2005 die Goldene Feder der Kommunikation verliehen. Bei mir landeten damals Ehre und Vergnügen einer Laudatio. Ich holte tief Luft: In meiner Jugend stand das Wort Kommunikation im Fremdwortlexikon. Wenn mich damals jemand gefragt hätte, wie ich kommuniziere, hätte ich das sicher für etwas Unanständiges gehalten. Inzwischen ist es eine der wichtigsten Vokabeln unserer Zivilisation geworden. Die Goldene Feder des Hauses Bauer trug der Entwicklung Rechnung. Die Goldene Feder für Kommunikation wurde geboren. Die Stars der Branche lechzen nach ihr. Doch wer erhält sie? Herbert Seckler, der Wirt des »Sansibar«. Warum gerade er?

Andere machen Kommunikation, betreiben sie, verdienen an ihr, sind ihre Opfer, Täter oder Nutznießer. Herbert Seckler aber verkörpert Kommunikation. Kommunikation voll Harmonie. Das Sprichwort hat das Resultat eines solchen Lebens vorweggenommen: Ein froher Wirt macht frohe Gäste. Er stillt nicht nur ihren Durst und Appetit. Er schenkt täglich Menschen glückliche Stunden. Nicht vielen ist das vergönnt. Wohl kaum einem so wie Herbert Seckler. Ob sie oft und erstmalig kommen, ob sie mächtig oder machtlos sind, ob sie Matjes oder Kaviar bestellen – das macht für ihn keinen Unterschied. Er sorgt für ihr Wohl, nicht allein mit seinem Herd, sondern auch mit seinem Herzen. Seine Seele ist für das Geschäft noch wichtiger als seine Seezunge.

Der Weg, den der Schwabe in seinen Lehrjahren durch Deutschland, England, Schweden und die Schweiz zurückgelegt hat, flößt Respekt ein. Sein erster deutscher Lehrherr versuchte ihm die Kochkunst einzuprügeln. In einem Palace-Hotel in der Schweiz hörte er als Aushilfskoch die Anweisung vom Küchenchef: »Kein Deutscher fasst hier Fleisch an.« Mit 22 verschlug es ihn nach Sylt. In Tinnum ließ er sich die Pacht eines Campingplatzes aufschwatzen. »Jede Menge Prügeleien«, erzählte er später: »Was hab' ich da Blut gewischt.«

Linke Seite: Wuldeschlucht

SANSIBAR
Sylt

Er jobbte auf Butterschiffen und kaufte 1978 am Strand zwischen Rantum und Hörnum einen Kiosk für Nivea, Kinderschaufeln und Currywurst. Das war die Geburt des »Sansibar«.

Das Wunder, das seither geschah, hieß Arbeit, Arbeit, Arbeit. Herbert Seckler ist erst zufrieden, wenn er sagen kann: Mehr geht nicht. Und mehr geht bald tatsächlich nicht. Täglich kehren bis zu 3000 Gäste im »Sansibar« ein. 120 000 Flaschen Wein liegen im Keller. Die »MS Europa« – mit einer Bar »Sansibar« an Bord – ankert regelmäßig vor dem Strand. Kaum 50, wurde der Wirt zur Legende.

Natürlich hat der Erfolg viele Wurzeln: seine geliebte Familie, sein einmaliges Team, die tolle Küche, die Lage am Meer, die Skihüttenatmosphäre. Aber wer hat alle diese Mosaiksteine ausgesucht und geformt, gebrannt und zusammengesetzt? Letztendlich läuft eben doch alles wieder auf einen zu, letztendlich ist eben doch alles sein Werk.

Er ist ein Kerl wie Samt und Seide, ein Mann von Anstand und Verstand. Freundschaften fliegen ihm entgegen wie Möwen dem einlaufenden Schiff – von Gunter Sachs bis Günter Netzer. Neid und Selbstsucht sind ihm fremd. Geiz ist ihm zuwider. Wichtigtuer fallen ihm auf den Wecker. Für diesen Abend hat er sich den ersten Zweireiher seines Lebens gekauft. In seinem Haus wiegt ein Versprechen schwerer als Gold, ein Handschlag schwerer als eine beglaubigte Unterschrift. Er bringt im »Sansibar« Leute zusammen, die einander sonst nie begegnet wären, obgleich sie sich so nötig brauchen, wie Frösche den Teich.

Ich habe miterlebt, wie mindestens zwei Millionendeals, zwei Chefredakteursverträge und ein Bund fürs Leben im »Sansibar« geschlossen wurden, von Abkommen über zeitlich begrenzte Liebe ganz zu schweigen. Herbert Seckler kennt mehr Geheimnisse als der Chef des Bundesnachrichtendienstes, kennt mehr Geheimnisse seiner Gäste, als mein Labrador Flöhe hat. Doch sie sind bei ihm sicherer aufgehoben als in einem Safe im Safe.

Seine bezaubernde Frau schenkte ihm vier wohlgeratene Kinder. Diese Familie kann stolz darauf sein, seine Familie zu sein.

Glückwunsch Herbert!

»NICHTS MÜSSEN MÜSSEN«
VON NORBERT KÖRZDÖRFER

Ich denke jeden Tag an Herbert. Ich steige jeden Tag nackt in meine »Sansibar«-Shorts und meine Frau Babsi seufzt: »Gibt's die nicht in Weiß?«

Ein Akt. Ein Ritual. Eine Stimmung.

Wenn ich die Augen schließe und meine Gedanken ins Glück segeln, landen sie in den Armen meiner Frau oder den Pfoten unseres Hundes Ruby oder auf den Stufen vor Herberts »Sansibar«.

Warum? Was ist »Sansibars« Geheimnis?

Es gibt Orte, die uns guttun. Es gibt heilige Orte: Rom, Jerusalem oder die Dome von München, Köln und New York, wo ich immer Kerzen anzünde für die, die ich liebe. Und es gibt selige Orte, wo sich die Seele wohlig fühlt: das Babel Manhattan, St. Moritz, Zürs, Venedig, Lago Maggiore, Paris, London, Oktoberfest, Tegernsee oder Herberts Ort.

Herbert ist Ruhe. Herbert ist auf eine einladende Art Endstation auf Zeit. Nur im Deutschen gibt es den Begriff »Zeit-Raum« (auch Einstein benutzte ihn in Englisch).

Zwei sich scheinbar widersprechende Phänomene:

> Zeit, die labil verschwindend verfließt.
> Raum, der stabil stur bleibt.
> Herbert ist der beste Zeit-Raum der Welt.
> Wir müssen nichts.
> Wir dürfen alles.
> Das Bier schäumt kalt gezapft.
> Der Wein ist zu gut – selbst für Diabetiker.
> Das Steak ist zu groß.
> Der Steinbutt hat einen Namen.
> Die Sonne geht unter und auf.
> Herbert oder Helga sind da oder weg.

Linke Seite: Strand in Kampen, Rettungswagen

PETRUS
CHATEAU MARGAUX
CHEVAL BLANC

Das »Sansibar« ist ein *State of Mind* – ein Zustand des Gemüts und der Gemütlichkeit (ich bin Bayer). Selbst wenn man allein ist, ist man nie allein: Der Jaco, der Franz, der Achim, der Peanuts, der Gunter, der Clemens, der Thomas – selbst der Good Old Nameless ist da – wenn man will. Aber man muss hier bei Herbert nichts müssen müssen.

Ich hab Herbert & Helga im »Dracula Club« überm Engadin lieben gelernt, mitternachts. Ich bin die Eistreppe runtergeschlittert – und sie haben mich aufgehoben. Hände wurden zu Herzen.

Babsi & ich, die Kinder & der Hund Ruby, wir sind eigentlich nie auf Sylt. Daher sind wir Herbert & Helga oft so verzweifelt fern und nah.

Zu meinem 55. Geburtstag waren wir auf der Terrasse des »Ritz Carlton« in Moskau. Hillary Clinton war auch da und der König von Brunei (suchte seinen Badmintonschläger). Aber was leuchtete im schneesüchtigen Regen? Drei Strandkörbe des »Sansibar«!

Da waren sie wieder – die verregnete Sehnsucht und der weinende Widerspruch. Was machen wir und das »Sansibar« in Sibirien?

Wir sind dem »Sansibar« am nächsten, wenn wir es vermissen. Bei der besten Currywurst der Welt überm Atlantik bei Air Berlin (6,50 Euro) – mit Holzpikser. beim Salzen zu Hause aus dem »Sansibar«-Topf. Beim Öffnen der Monatskiste mit dem Wein, der die Seele streichelt. Oder beim Anklicken der »Sansibar«-Website – mit dem Meeresrauschen und Möwengeschrei, die mein Berliner Büro zur Sanddüne machen.

Am schönsten ist es, wenn man neben Herbert schweigt – und ein Bier trinkt. Dann steht die Zeit still, und die Seele baumelt. Als freier, hanseatischer, preußischer Bayer kann unsere Seele San-si-bar fast jodeln:

Mir SAN-SIcher immer BAR!

DIE FREUNDSCHAFT VON PETER SCHWENKOW

Mein »Sansibar« ist mein Herbert – natürlich auch Silke und Anna und Barbara und Helga und ... Nicht, dass ich keine Familie hätte, ganz im Gegenteil: Ich habe eine famose Familie und einige wirklich tolle und enge Freunde. Aber mit Herbert (und seinem »Sansibar«) ist es etwas anderes. Das ist Sylt, Sehnsucht, Freundschaft.

Vieles auf und an der Insel ist im Lauf von Jahrzehnten Heimat geworden, der Puls schlägt einfach höher, wenn ich an das Kampener Watt denke oder an die frühen Jahre von Jürgen Goschs Fischbude in List, an der ich an einem Dezemberabend meiner Frau einen Heiratsantrag gemacht habe, oder an den Kurpark in Kampen, in dem die Kinder am Morgen entschwanden, um mit Einbruch der späten Dunkelheit im Sommer erschöpft und ausgetobt wieder ins Ferienhaus zurückzukehren. An die Überfahrt auf dem Autozug, von der wir immer sagen, dass dort schon die Erholung begänne, nur um eine Erklärung dafür zu finden, dass der Weg doch gar nicht so weit sei und die Anfahrt gar nicht so lange dauere, man könne doch mal schnell übers Wochenende ...

Aber wenn es eine Konstante gibt in meinem Leben als Freund ebenso wie als »Sylter«, dann sind es Herbert und seine »Bretterbude«. Herbert formuliert das korrekterweise so: »Wir waren schon Freunde, als ich noch nicht berühmt war und jeder einen Platz im Restaurant bei mir buchen wollte.« Und an diesem Verhältnis hat sich bis heute nichts geändert.

Als Hamburger mit Wohnsitz in Berlin und vielen internationalen Geschäftsterminen bin ich ein »Freund auf Distanz«. Man kann nicht mal kurz auf einen Schnack vorbeigehen, weil man dringend sein Glück über eine gute Nachricht teilen will oder sein Herz ausschütten muss, wenn etwas schiefgelaufen ist –, und mal eben telefonieren, ist unsere Sache nicht. Als Freund auf Distanz plant man seine Verabredungen, man freut sich besonders darauf, denn sie werden eben nie alltäglich. Es ist, bis zum heutigen Tage, etwas Besonderes, nach Sylt zu fahren und in das »Sansibar« zu gehen. Meine Frau und ich haben dort geheiratet, die wichtigen Hochzeitstage und die »großen Geburtstage« gefeiert, einige Firmenveranstaltungen gemacht und sogar Freunde aus Berlin überredet, dort auch einmal mit diesem tollen Team von selbstbewussten Bedienungs-Persönlichkeiten ein Fest zu feiern. Ich bin überzeugt, dass der Slogan von »Ladies and Gentlemen serving Ladies and Gentlemen« eigentlich gar nicht aus der Philosophie von der Ritz-Carlton-Hotelkette stammt, sondern im »Sansibar« erfunden wurde. Zumindest wird er in Rantum famos gelebt.

Linke Seite: Treppenabbruch am Kampener Strand

Herbert verlässt die Insel ja wirklich nur sehr selten, weil er der festen Überzeugung ist, es gäbe keinen schöneren Ort auf der Welt, und die interessantesten Menschen könne er ja sowieso jeden Tag in der Sansibar treffen. Bei einigen wenigen Anlässen aber, bei denen er von Sylt »runter musste«, waren wir auch dabei: Konzerte mit den Rolling Stones zum Beispiel oder Reisen mit der »MS Europa«.

Unvergessen jedoch bleibt, als wir meinen 50. Geburtstag planten und ein halbes Jahr vorher – wie üblich – das komplette Restaurant reservieren wollten. Ich werde nie das enttäuschte Gesicht von Herbert vergessen, als er mit dem großen Reservierungskalender wiederkam: »Ich *muss* an dem Wochenende auf der ›MS Europa‹ sein, weil an Bord die neue ›Sansibar‹ eingeweiht wird, aber die liegt an deinem Geburtstag leider in Dubai!«

Es kam, wie es kommen musste: Wir haben meinen Ehrentag im März dann bei 35 Grad auf dem Achterschiff der »MS Europa« im Hafen von Dubai mit 30 angereisten Freunden gefeiert! An einem langen Tisch. Und raten Sie mal, was es zu essen gab: Rigatoni mit Lachs (scharf), Steinbutt mit Senfsauce und meinen geliebten Pinot Grigio von Jerman – Herbert hatte einfach alle meine Lieblingsspeisen, für die das »Sansibar« soooo berühmt ist, in die Arabischen Emirate einfliegen lassen und wir hatten doch noch meine Geburtstagsparty im »Sansibar« … das nenne ich Freundschaft!

SANSIBAR

Linke Seite: Jayne Grohmann
Diese Seite (im Uhrzeigersinn von links oben): die »Sansibar«-Crew, Guido Putzmann, Olaf Schlüter, Sandro Catirona

Wenn du vertraust auf dich –
wenn keiner auf dich zählt
und du für die Zweifel noch Verständnis hast

Wenn du auch träumst –
mach die Träume nicht zum Meister

Und wenn du denkst,
mach dir Gedanken nicht zum Ziel …

Wenn mit Triumph du umgehst –
wie mit Unglück,
und hältst von beiden Blendern nicht zu viel.

Rudyard Kipling hat diese Worte geschrieben. Natürlich kannte er Herbert nicht. Aber sie klingen, als hätte er.

Durch die Schwingtür neben der Bar, an den Spülern vorbei, die Küche durch, Vorsicht frisch gewischt, rechts durch die Vorbereitungsküche, vorbei an Chefkoch Axel an der »Wundermaschine«, dem neuen »Allesschnippel-Rühr-Können-Gerät«, dann gleich links, sofort wieder rechts: Willkommen in der »Sansibar«-Kommandozentrale. Das Büro sagt viel aus über den Chef. Denn es ist alles andere als ein Chefbüro. Bis heute sieht es – abgesehen von den hochmodernen Apple-Computern – eher nach Improvisation aus. Eine U-förmige Platte zieht sich an den Wänden entlang, Jutta, die Buchhalterin hat den ersten Platz, neben ihr an der Ecke am Fenster ist Herberts Ecke. Der Blick geht auf den kleinen, bretterumzäunten Hof, wo unter anderem fünfmal die Woche der frische Fisch begutachtet wird. Hier hinten wird geschafft, nicht repräsentiert.

Alles Aufgesetzte ist nicht Herberts Sache. Komm ihm nie mit Arroganz. Der Wert muss stimmen. Die Qualität. Bei Menschen, beim Essen, beim Wein und auch den Textilien, mit denen er mittlerweile als eine Art »Ralph Lauren des Nordens« beeindruckende Umsätze macht. Man muss nur einmal beobachten, wie er intensiv an einer Scheibe Toastbrot herumschnuppert, um die Qualität zu prüfen. Als wäre es eine Sonderabfüllung Château d'Yquem. Wie er das Weißbrot quetscht, wieder schnuppert, ein Stückchen kaut – und für gut befindet. »Okay, das können wir anbieten.« Das hat mit Gourmetgetue nichts zu tun. Herbert will nicht in die »Hall of Fame« der Sterneköche einziehen. Sondern ein in jeder Hinsicht und im Wortsinn guter Gastgeber sein. »Ich bin kein begnadeter Koch. Aber ich weiß, was lecker ist und wie es geht.« Immer geradeaus.

Basis von allem ist das »Sansibar«. Es ist der Ort, der ihn bindet und bei aller Prominenz erdet und zugleich Rampe für allerlei geschäftliche Abenteuer. Anfangs, als junger Schwabe, da gab es keine Gnade, nur Kunden, »die genau wussten, was sie wollten und was sie dafür zahlen wollten«. Heute wird Monate im Voraus gebucht, fast täglich ruft einer an oder kommt vorbei mit einer neuen Geschäftsidee, und die gekreuzten Säbel, das »Sansibar«-Markenzeichen, schmücken längst nicht mehr nur kulinarische Produkte.

Das eine wie das andere Extrem hat Herbert nicht beirren können. So wie er sich fernhalten kann vom Sog des Mithalten-Müssens. Das Dröhnen lag ihm nie, und längst hat er genug gesehen, die Hochs und die Tiefs, um klug abwägen zu können. Klar, fährt er gern mit dem PS-starken Mercedes, der ihm (und auch Helga) mit Stuttgarter Nummer zur Verfügung gestellt wird, gibt Gas auf dem kurzen Stück Landstraße zwischen dem »Sansibar« und seinem Haus. Das ist zusammengefügt aus ehemals drei kleinen Häusern. Die Offenheit und Großzügigkeit seines Herzens ist hier architektonisch umgesetzt. Offene Räume mit der großen Küche im Zentrum. Und einem kinogleichen Fernseher an der Wand beim Esstisch. Mit technischen Neuheiten kann man Herbert immer faszinieren. Doch es muss nicht großes Kino sein. Dass er am liebsten mit einem gecharterten Jet fliegt, wenn er mal fort muss, hat vor allem damit zu tun, dass dieser Luxus die Möglichkeit birgt, noch am selben Abend zurückzukehren nach Sylt, nach Hause, ins eigene Bett, in die Vertrautheit. Es klingt wie ein guter Spruch, ist aber die Wahrheit: »Wer mir einen Gefallen tun will, lädt mich nicht ein.« Jedenfalls nicht außerhalb der Insel. »Wir waren in Italien, in Meran, ganz toll, am Brenner, bei den Winzern. Dann sind wir rüber nach Nonino, ins Friaul. Es war alles traumhaft. Aber meine Kinder, wir waren zu viert, Helga, Silke, Niklas und ich, sind irgendwie alle nicht glücklich gewesen. Wir sind runter nach Venedig, haben am Flughafen geparkt und sind mit einem Boot in die Lagunenstadt gefahren. Auf einmal waren alle glücklich. Das Wasser war wieder da. Das kann man ganz schwer erklären.« Der berüchtigte Inselkoller hat Herbert nie erwischt. »Hier zu leben ist der Luxus des Jahrhunderts. Wo kriegst du da einen Koller? Wenn Leute davon sprechen, weiß ich nicht, von was die reden. Gut, wenn hier kein Krankenhaus wäre oder dergleichen existenziell Wichtiges, dann könnte ich das verstehen. Aber wir haben ja alles, vom Feinsten. Und jeder kennt mich, juhu!«

Herbert hat nichts zu verbergen. »Für mich ist es unvorstellbar, wenn Menschen nicht über sich reden oder sich so wichtig nehmen, dass man nicht das sagen kann, was man denkt und fühlt und was man ist. In meinem Kopf gibt es das nicht.« Seine Begabung, für gute Atmosphäre zu sorgen, nennt er selbst »Harmoniemacke«. Was nicht bedeutet, dass er allen nach dem Mund redet. Aber im entscheidenden Moment auch mal den Mund halten kann. Das weiche Wesen mag sich anpassen. Strikte Ordnung herrscht nur in der Küche, und er ist ein Mann für Handschlagverträge, anderweitig aber sind ihm starre Grenzen in jeder Hinsicht unangenehm, räumlich, menschlich, gesellschaftlich. Er kann nur sein eigener Herr sein. Egal, was es kostet.

»Hier und jetzt und morgen wird auch« – diesen Spruch könnte man Herbert auf ein Kissen sticken. Ein unreligiöses Gottvertrauen führt ihn durch sein Leben, das zugleich geprägt war von Existenzängsten. Die hat er nicht mehr. Dennoch steht er manchmal nachts auf, macht den Computer an und prüft die Zahlen. Dann schläft er wieder. Panik ist das nicht. »Am Ende« hat er sich noch nie gefühlt. Auch nicht in den schlechten Zeiten. Wenn er nicht schlafen konnte, hat er sich nicht gewälzt, sondern ist aufgestanden und hat Äpfel geschält. Oder etwas anderes erledigt.

»Ich war immer ein perfekter Dienstleister. Vielleicht hat es auch am Intellekt gefehlt oder an irgendetwas. Ich habe immer geguckt, dass ich das mache, was der andere will. Das ist bei mir so drinnen, das kann ich gar nicht ändern. Deswegen merke ich auch nicht, wenn mal was falsch läuft. Weil ich erst mal glaube. Wenn du mir sagst, Mensch, die Kaffeetasse gefällt mir nicht, dann schlafe ich heute Nacht nicht und überlege, warum und weshalb. So bin ich.« Die Geschichten allerdings, die die Gäste ihm erzählen, die nimmt er nicht mit. »Wenn mir jemand etwas anvertraut, dann höre ich zu, gebe einen guten Rat und es beschäftigt mich auch, aber nicht so, dass ich darüber reden muss. Aber eines ist sicher: Dass ich vieles nicht wissen möchte, was ich weiß. Doch ich muss nicht lästern, habe keine Missgunst. Ich bin die Schweiz.«

Zuhören, sehen, nachdenken darüber, umsetzen. Das ist Herbert. Das macht ihn stark. Deswegen läuft sein Textilhandel zum Beispiel so gut. Weil er jahrelang seine Gäste beobachtet hat, genau geschaut, was sie tragen. Mit einem T-Shirt für die Kellner fing es an. Typisch Herbert, kennt er inzwischen einige der besten Produzenten Italiens, auch sie sitzen an einem der Tische im »Sansibar«. Und natürlich hat Herbert eine Serie mit besonderen Jacken, Mänteln, Hemden und Unterwäsche in Auftrag gegeben. Produkte, die er selbst gern hat. Oder Helga. Beste Qualität. »Made in Italy«, aber »German size«, soll heißen, etwas bequemer geschnitten. Der Mann kennt schließlich seine Kunden.

Nur einmal war er wirklich müde, im vergangenen Jahr hat er sogar daran gedacht, sein »Sansibar« zu verkaufen. »Was für eine abenteuerliche Idee!« Vom Tisch, abserviert, abgespült, eingeräumt wie die Töpfe in der Küche. Gäste glücklich machen, das ist eben nicht nur seine Profession, sondern auch seine Passion. Sein Glück. Wie die Familie, Helga, die vier Kinder Barbara, Silke, Niklas und die kleine Anna und das Enkelkind. Eigentlich wollte er nicht unbedingt so viele Kinder. »Aber ich bin froh, dass ich sie habe.« Wie die Insel, wie das Meer. An grauen wie an sonnigen Tagen. Wenn mal Ruhe ist, setzt er sich abends in seinem Haus ans Fenster, guckt aufs Watt. Oder tagsüber von seinem Platz hinter der Hütte aufs Meer. Man sollte ihn nicht stören dabei. Das ist sein Elixier. »Das Licht, der Mond, der Himmel. Das liebe ich sehr. Die Natur fördert die Demut. Und das ist gut so. Man wird entspannt.« Herbert ist angekommen. Auf Sylt, bei sich. »Das kann man niemandem erklären, aber ich bereue keinen Tag. Ich bin einfach zufrieden.«

Vorspeisen

Hauptspeisen mit Fisch und Meeresfrüchten

Hauptspeisen mit Fleisch und Geflügel

REGISTER DER REZEPTE

Desserts

Getränke

Grundrezepte

Hinweis

Alle Rezepte sind – in Sansibar-Portionsgröße – jeweils für 4 Personen berechnet.

Impressum

www.collection-rolf-heyne.de

1. Auflage 2014

Texte: Inga Griese
Rezepte: Dietmar Priewe, Sansibar
Fotografie: Marc Rehbeck, Hamburg
Fotoassistenz: Sophie Steubling, Kerstin Lakeberg,
Malte Honecker, Sarah Wilhelms, Anneli Wilhelm
Hair/Make-up: Katharina Eckert
Postproduction People/Landscape: Sebastian Burgold
Die Fotos entstanden mit freundlicher Unterstützung von Villeroy & Boch, Axis-Mundi-Requisiten und Bernstein-Requisiten. Ganz großer Dank gilt u.a. Tina und Luca Rehbeck, Inga Wulff sowie Malte Honecker. Außerdem bedanken wir uns bei Laura und Dietmar für die ausnahmslose Unterstützung des Fototeams.

Rezeptredaktion: Irmgard Rumberger, Ramerberg
Lithografie: Lorenz & Zeller, Inning am Ammersee
Druck und Bindung: Printer Trento, Trento

Printed in Italy

ISBN 978-3-89910-600-8